공동서신 신학

A Theology of the General Epistles

By Buist M. Fanning
translated by Keun Sang Ryu

Copyright © 1994 by The Moody Bible Institute of Chicago
Originally published in USA under the title
A Biblical Theology of the New Testament
by Moody Press, c/o MLM, Chicago, Illinois 60610, in U.S.A.
All rights reserved.

2011년 8월 15일 1판 1쇄 발행

지은이: 부이스트 M. 팬딩

옮긴이: 류근상

발행인: 류근상

발행처: 크리스챤출판사

주 소: 경기도 고양시 덕양구 능곡로 30-11 현대 107-1701호

전 화: 070) 7717-7717, 031) 978-9789

핸드폰: 011) 9782-9789, 011) 9960-9789

팩 스: 031) 978-9779

등 록: 2000년 3월 15일

등록번호: 제 79 호

판 권: ⓒ 크리스챤출판사 2011

정 가: 표지 뒷면

I S B N: 978-89-89249-92-4

Korean Edition
Copyright © 2011 by *Christian Publishing House*,
Seoul, Korea

A Theology of the General Epistles

공동서신 신학

부이스트 M. 페닝 지음
류근상 옮김

크리스챤출판사

[차례 Contents]

제1장 히브리서의 신학 _ 5
　1. 그리스도와 그의 사역 _ 7
　2. 옛 것에서 새 것으로 _ 49
　3. 그리스도인의 삶: 믿음과 인내의 촉구 _ 60

제2장 야고보서의 신학 _ 77
　1. 시험, 죄 및 인간의 본성 _ 78
　2. 믿음과 행위 _ 87
　3. 야고보서의 율법과 말씀 _ 97
　4. 다른 주제들 _ 101

제3장 베드로와 유다의 신학 _ 107
　1. 기독론 _ 108
　2. 속죄와 구원 _ 113
　3. 그리스도인의 삶: 그의 고난을 본 받음 _ 129
　4. 기독교인의 진리: 성경, 정통 및 이단 _ 138
　5. 종말론과 심판 _ 155

제1장
히브리서의 신학
A Theology of Hebrews

영향력 있는 크리스챤 설교자는 그들이 청중들에게 담대히 전하는 예수 그리스도께서 그들로 하여금 처해진 상황에 대한 새로운 인식과 함께, 굳센 믿음과 헌신으로 반응하게 할 것이라는 강력한 비전을 가지고 있다. 이것이 히브리서에 나타난 대표적인 모델이다. 본서는 서신이라기보다 설교 형태("권면의 말" [13:22]; cf. 행 13:15)에 가깝다. 이 설교는 그리스도에 대한 충성으로 인해 고난을 당하고 있는 그리스도인들에 대한 것이다.

히브리서를 기록한 "설교자"가 제시하는 그리스도에 대한 핵심적 비전은 대단한 것으로서, 주로 구약성경(특히 시편 110편)의 내용과 예수님의 지상 생애와 죽음 및 부활에 관한 정확한 지식에 근거하고 있으며, 이들이 그리스도인의 믿음과 삶에 주는 의미에 대한 통찰력 있는 신학적 사색으로 말미암아 더욱 깊은 내용을 담고 있다. 저자가 가진 확실하고 분명한 그리스도관은 그가 하나님의 아들이자 대제사장으로서 지금은 하나님과 함께 지극히 높은 위엄 가운데 계신다는 것이다. 이러한 그리스도관은 그의 신분과, 자신에게 제시된 순종의 길을 따름으로 하나님의 영원하신 목적 안에서 성취하신 모든 것을 바라보는 바른 관점이다. 그것은 또한 당시 독자들이 처한 상황에서 그들에게 주는 의미가 어떠한 것인지를 볼 수 있는 분명한 관점이 된다. 이와 같이 승귀하신 성자에 대한 관점을 통해, 그들은 자신이 처한 어려운 상황을 새로운 시각에서 바라보며, 그가 열어놓으신 길을 따라 소망 가운데 전진할 수 있었던 것이다.

이러한 그리스도관은 히브리서의 주요 신학적 주제들이 만나는 구심점이기도 하다.[1]) 이어서 히브리서의 신학을 그리스도와 그의 사역, 옛 것에서 새 것으로, 그리스도인의 삶이라는 세 가지 주제로 나누어 살펴볼 것이다. 각 장에는 승귀하신 성자와 대제사장으로서의 그리스도에 대한 묘사가 가장 두드러지게 나타난다.

1. 그리스도와 그의 사역

기독론은 모든 히브리서 신학의 중심 초점이며, 하나님의 아들과 대제사장이라는 그리스도에 대한 두 가지 호칭은 기독론의 핵심을 형성한다. 이 두 가지 요소를 중심으로 그리스도의 인격과 사역에 관련된 여러 가지 개념들이 자리 잡고 있다. 대제사장으로서 그리스도는 사실상 히브리서 신학에서 더욱 두드러지게 나타나는 개념이지만 하나님의 아들로서 그리스도가 보다 근본적인 개념이다.[1]

1) 하나님의 아들로서 예수 그리스도

히브리서에는 종종 예수님을 "아들"이나 "하나님의 아들"로 언급한다. 이들은 예수님의 아들 되심에 대해 세 가지의 핵심적인 단계로 제시한다.[2] 이들은 신학적으로 구별되지만 본 서신에는 자유롭게 혼합되어 있다. 세 단계의 내용과 이들의 상호 관계는 정교하게 다듬어진 서문, 히브리서 1:1-4에 하나의 축소판으로 제시되어 있다. 본문에서 예수 그리스도는 선재하신 영원한 아들로 제시된다. 그는 영원 전부터 하나님의 신적 속성과 사역을 완전히 공유하신다. 지상에서 아들로 성육신하시어 죄를 정결케 하신 그 분은 하나님의 완전하고 최종적인 계시가 되었다. 하나님의 구원 사역에 대한 그

---

1) Cf. David J. MacLeod, "The Doctrinal Center of the Book of Hebrews," *Bibliotheca Sacra* 146 (1989): 291-300.
2) Cf. George Milligan, *The Theology of the Epistle to the Hebrews with a Critical Introduction* (Edinburgh: T. & T. Clark, 1899), 74-88; William R. G. Loader, *Sohn und Hoherpriester: Eine Traditionsgeschichtliche Untersuchung zur Christologie des Hebräerbriefes* (Neukirchen-Vluyn: Neukirchener, 1981); and Mikeal C. Parsons, "Son and High Priest: A Study in the Christology of Hebrews," *Evangelical Quarterly* 60 (1988): 200-208.

의 순종으로 그는 만유의 후사가 되었으며, 하나님의 아들로 승귀하시어 지극히 높은 위엄 가운데 앉아 계신다. 다음에 이어지는 아들 되심의 단계에 관한 논의에서는 "아들"이라는 용어를 분명하게 사용하지는 않으나 유사한 개념을 가지고 있는 다른 본문과 기독론적 주제들에 대해 살펴볼 것이다.

(1) 선재하신 영원한 아들

앞에서 언급한 대로 히브리서를 시작하면서 예수 그리스도를 하나님의 아들로 제시한 것에는 세 가지 의미가 있다. 그러나 그를 선재하신 영원한 아들로 제시한 것은 이 단계가 나머지 두 단계를 형성하기 위한 필수적인 기초이자 닻이 됨을 보여준다. '육신을 입으신 예수님의 사역과 성취'와 '승귀하신 주님'의 단계는 영원한 아들이신 그가 선재하시는 동안 하나님의 신성과 활동을 완전히 공유하고 계셨다는 사실에 뿌리를 내리고 있다. 히브리서에서 아들에 관한 본체론과 기능적인 면은 불가분리의 관계에 있다.[3]

첫째 절과 히브리서의 절반가량은 옛것에서 새것으로의 변화를 강조한다: 하나님은 초기에는 여러 가지 방식을 사용하여 불완전한 형태로 말씀하셨으나, 이제는 그의 아들 안에서 완전하고 유일하게 말씀하신다. "아들로"(in a Son)[4]라는 구절은 서문(1:1-4)의 핵심적 초점이다. 이것은 하나님의 계시에 관한 놀라운 서문에서 가장 정점을 이루며, 이어지는 2b-4절에 언급된 아들에 관한 일곱 가지 묘사의 핵심이 된다. 이러한 묘사는 왜 그를 통한 계시가 지금까지의 형태보다 완전한지를 보여준다. 본문은 그의 승귀로 시작하여 승귀로 끝나는 원 구조(ring structure)로 정교하게 배열되어 있기 때문에 이들은 모두 승귀하신 아들과 대제사장으로서의 예수님에 대한 저자의 분명한 비전을 강력히 제시한다.[5] 그리스도를 만유의 후사로 세우셨다는 2b절(부활

---

3) 이러한 상호관계에 대해서는 Richard N. Longenecker, The Christology of Early Jewish Christianity (London: SCM, 1970), 154-55; and Geerhardus Vos, The Teaching of the Epistle to the Hebrews (Grand Rapids: Eerdmans, 1956), 73-83을 참조하라.
4) 이 헬라어 명사는 아무런 관사 없이 인용되었으며 히브리서 여러 군데에서 발견된다 (3:6; 5:8; 7:28). 이것은 아들에게 내재된 특징을 강조한다. 이어지는 설명은 그의 성품에 관해 상세히 묘사한다.

승천하신 후 승귀하신 지위에 관한 언급)에서 시작하여 저자는 모든 것이 그 것의 토대가 됨을 보여주기 위해 창조 사역에서의 선재적 사역(2c절)과 하나 님의 본체에 대한 공유(3a절) 및 섭리적 사역(3b절)을 제시한다. 이어서 저 자는 아들의 죄를 정결케 하심(3c절), 즉 생애, 고난, 대제사장 직무의 성취 로 이어지는 지상 사역에 대한 요약(구체적인 내용은 나중에 다시 다룬다)과 함께 다시 원래의 원 구조로 돌아온다. 끝으로 아들이 하나님 우편에 앉으셔 서 아름다운 이름을 기업으로 얻으셨다는 언급(3d-4절)과 함께 완전한 원 구 조를 완성한다. 이 부분에서 초점은 아들의 원형적 본질과 사역에 관한 세 가지 묘사에 맞추어진다. 그의 지상에서의 지위 및 승귀적 지위에 관해서는 나중에 살펴볼 것이다.

아들의 선재하심은 세상을 창조할 때 그가 수행한 역할에서 잘 나타난다. 하나님은 그를 대행자 또는 중보자로 하여 모든 시공 세계를 지으셨다(1:2c). 이 주제는 요한과 바울에 의해서도 제시된다(요 1:3, 10; 롬 11:36; 고전 8:6; 골 1:16). 앞에서 제시한 내용(히 1:2b)과의 구체적인 문맥적 연결은 그리스 도께서 구속적 사역 및 승귀하심에 근거하여 만유의 후사가 되시는 것이 당 연함을 강조한다. 그는 만물의 창조에도 개입했다. 그러나 본문이 제시하는 보다 깊은 신학적 진리는 아들의 선재하심이 만물에 앞서며("원형적 선재하 심"[6]), 성부와 함께 신적 사역에 참여했다는 것이다. 이 구절에 대한 해석은 오래 전의 아타나시우스(Athanasius)의 해석이 옳다: "그를 '만유의 후사로 세우시고' 그를 통해 '세계를 지으셨다'는 것은 성자의 영원한 본질과 함 께 그를 하나님 자신으로 묘사한 것이다.[7]

창조 사역에 나타난, 선재하신 아들로서 예수님의 역할은 히브리서에서 서문 외에도 몇 구절에서 언급된다. 1:10은 시편 102편을 아들에 대한 언급

---

5) John P. Meier, "Structure and Theology in Heb 1:1-14," *Biblica* 66 (1985); 168-89.
6) 이것은 단순히 나타나시기 전에만 존재한 것이 아니라 창조 이전의 존재에 대한 언급 이다. R. G. Hamerton-Kelly, *Pre-existence, Wisdom and the Son Of Man* (Cambridge: Cambridge Univ., 1973), 21을 참조하라.
7) Athanasius, *Orations against the Arians* 1.12, cited in Philip Edgcumbe Hughes, *A Commentary on the Epistle to the Hebrews* (Grand Rapids: Eerdmans, 1977), 40.

으로 인용한다: "주여 태초에 주께서 땅의 기초를 두셨으며 하늘도 주의 손으로 지으신 바라."[8] 시편의 인용문은 계속 이어지며(1:11-12절) 창조 사역에서의 역할을 통해 그의 영존하심에 대해 묘사한다: "그것들은 멸망할 것이나 오직 주는 영존할 것이요... 그것들이 옷과 같이 변할 것이나 주는 여전하여 연대가 다함이 없으리라." 본문에 언급된 예수님의 영존성은 미래적 영원성에 초점을 맞춘 것이 분명하나, 10절의 내용 및 "주는 영존할 것이요"와 "주는 여전하여"(11-12절)라는 구절 속에는 과거적 영원성에 대한 언급이 분명히 포함되어 있다. 3:2-6은 복잡한 유추를 통해 하나님의 집에서 예수님의 충성과 모세의 충성을 비교한다. 아들이 종보다 존귀함 같이 그는 모세보다 훨씬 존귀하시다(3:5-6). 그러나 그의 존귀는 3:3에서 집 지은 자가 집보다 더욱 존귀함과 같다. 4절은 하나님이 만물을 지으신 이라는 사실을 다시 한번 상기시킨다. 이 구절 역시 아들이 창조 사역에 동참했으며, 이러한 신적 지위가 그에게 적용됨을 보여준다.[9]

창조 사역에서 아들의 역할에 대해 인용한 후 히브리서 저자는 아들이 성부의 신적 본체를 영원히 공유하고 계신다는 사실을 보여주는 설명 주기로 다시 돌아온다(1:3a). 이것은 영원한 존재를 나타내는 분사($ōn$, 동사 $eimi$의 현재형 분사)의 술어를 형성하는 두 구절을 통해 제시된다: "이는 하나님의 영광의 광채시요 그 본체의 형상이시라." 첫 번째 구절은 햇빛이 "비치다"라는 뜻을 암시하는 단어를 사용한다($augēs$에서 파생된 $apaugasma$["광채"]). 이것은 하나님의 영광에 대한 수동적 반사가 아니라 스스로 신적 완

---

8) 이것은 1:7-8에 언급된 $pros$(~에 관하여)에 의해 뒷받침된다. Cf. Walter Bauer, William F. Arndt, and F. Wilbur Gingrich, *A Greek-English Lexicon of the New Testament and Other Early Christian Literature*, 2d ed., rev. F. Wilbur Gingrich and Frederick W. Danker (Chicago: Univ. of Chicago, 1979), 710.
9) 이 결론은 Harold W. Attridge, *The Epistle to the Hebrews: A Commentary on the Epistle to the Hebrews*, Hermeneia, ed. Helmut Koester (Philadelphia: Fortress, 1989), 110에 의해 반대를 받았다. 그는 본문이 예수님을 "집을 지은 이"로 명확히 언급하지 않는다는 점을 근거로 들고 있으나, 그 외에 특별한 대안적 해석은 제시하지 못하였다. 이 관점을 지지하는 입장에 대해서는 Mary Rose D'Angelo, *Moses in the Letter to the Hebrews*, SBL Dissertation Series 42 (Missoula, Mont.: Scholars, 1976), 164-77을 참조하라.

전성을 가지고 있는 자로부터 나오는 능동적인 "광채"이다.[10] 본문에도 이와 유사한 개념이 적용된다. 즉 아들은 달이 태양 빛을 반사하는 것과 달리 태양이 자신의 빛을 발하듯이 하나님의 영광과 함께 빛을 발하신다. 아들과 관련하여 이와 유사한 내용은 요한복음 1:14; 17:4-5; 고후 4:6 등에 제시된다.

히브리서 1:3a의 두 번째 구절은 새로운 이미지의 내용을 제시하지만 초점은 동일하다. 즉, 아들은 "그의 존재에 대한 정확한 반영(형상)"이라는 것이다. 본문의 술어(*charaktēr*)는 동전을 주조하는 형판으로 찍어낸 자국이나 표식을 나타내는 말이다.[11] 따라서 이 구절은 "그의 본체에 대한 정확한 반영"(NASB), "그의 본체의 흔적을 소유함"(RSV), "그의 본체에 대한 완전한 복사"(JB) 등으로 해석할 수 있다. "본체"(nature)로 번역된 헬라어 *hypostasis* 역시 중요한 의미를 가진다. 그 이유는 이 단어가 하나님의 "실제적인 속성, 본질, 존재"[12]를 의미하며, 아들이 이러한 것들을 정확히 담아내고 있기 때문이다.

그렇다면 아들의 본질에 대해 묘사하고 있는 이 두 구절이 제시하는 요점은 무엇인가? 쿨만(Cullmann)은 이러한 속성에 대해 "아들이 성부의 신성을 완전히 공유하고 계심을 보여준다"고 말함으로 요점을 적절히 제시한다.[13] 그러나 이러한 결론은 리씨(Rissi)에 의해 반박을 받았다. 그는 3절의 현재

---

10) Henry George Liddell and Robert Scott, *A Greek-English Lexicon*, revised and augmented by Henry Stuart Jones, with the assistance of Roderick McKenzie, with a supplement edited by E. A. Barber (Oxford: Clarendon, 1968), 274. Gerhard Kittel, *Theological Dictionary of the New Testament*, trans. and ed. Geoffrey W. Bromiley (Grand Rapids: Eerdmans, 1964-76, s.v. *augazō, apaugasma*, 1:507-8; and R. P. Martin, *The New International Dictionary of New Testament Theology* (Grand Rapids: Zondervan, 1975), s.v. apaugasma, 2:289-90).
11) J. Gess, *The New International Dictionary of New Testament Theology*, s.v. "*charaktēr*", 2:288-89.
12) Bauer, Arndt, and Gingrich, *A Greek-English Lexicon of the New Testament*, 847; Helmut Köster, *Theological Dictionary of the New Testament*, s.v. "*hypostasis*", 8:585.
13) Oscar Cullmann, *The Christology of the New Testament*, rev. ed., trans. Shirley C. Guthrie and Charles A. M. Hall (Philadelphia: Westminster, 1963), 304.

분사("광채시요... 붙드시며")가 선재하심에 대한 언급이 아니라 아들의 현재적 본질에 대한 언급이며, 그의 영원한 존재에 관한 것이 아니라 현재적 공동체에 주는 의미에 관한 언급이라고 주장한다.14) 물론 이러한 묘사에는 교회에 대한 아들의 현재적 의미가 담겨 있는 것이 사실이다. 그러나 본문에 담긴 영원한 영역을 배제할 수는 없으며, 후자는 전자의 본질적인 기초이다.15) 윌켄스(Wilckens)도 3절의 분사에 의해 표현된 사상의 구조를 오해하였다. 그는 이러한 속성들을 승귀하신 성자에게만 적용하였다: "하나님의 영광은 하나님에 의해 승귀하신 분에게만 각인되었다. 따라서 오직 그에게만 하나님의 형상이 반영된다."16) 그러나 이 구절은 히브리서에서 강조된 세 가지 단계의 아들 되심의 과정을 명백히 거치며, 단지 그의 승귀하신 지위에 대해서만 "하나님의 영광의 광채시요 그 본체의 형상이시라... 죄를 정결케 하는 일을 하시고 높은 곳에 계신 위엄의 우편에 앉으셨느니라"고 말하지 않는다.17)

물론 아들이 아버지의 본체를 완전히 공유하며 그와 특별한 관계에 있다는 사실은 1:1-4의 주 내용인 그의 계시적 역할에 관한 언급에서 매우 중요하다. 성부에 대해 그의 본질을 정확히 반영하고 있는 아들보다 더 정확히 계시할 수 있는 자가 누가 있겠는가? 이러한 연결은 신약성경 어디서나 발견할 수 있으며, 특히 요한복음에서 두드러진다(요 1:14-18; 14:8-9; 골 1:15).

---

14) Mathias Rissi, *Die Theologie des Hebräerbriefs: Ihre Verankerung in der Situation des Verfassers und seiner Leser* (Tübingen: Mohr [Paul Siebeck], 1987), 46.
15) *eimi*의 현재형이나 미완료형은 종종 배타적인 현재적 상황이 아니라 절대적인 영원한 존재에 대한 언급으로 사용되며, 특히 3-4절에서와 같이 *ginomai*의 부정과거형과 대조적으로 사용될 경우 더욱 그렇다. 요한복음 1:1-6; 8:58; 골로새서 1:15-18; 요한계시록 1:4; 1:8; 4:8; 11:17 및 Brooke Foss Westott, *The Epistle to the Hebrews*, 2d ed. (London: Macmillan, 1892; reprint, Grand Rapids: Eerdmans, 1984), 9, 17을 참조하라.
16) Ulrich Wilckens, *Theological Dictionary of the New Testament*, s.v. *charaktēr*, 9:421.
17) 이것은 Meier, "Structure and Theology in Heb. 1:1-14," 179-82에 의한 기본적 시제 및 전반적인 사상구조에 근거한다.

히브리서 1:1-4의 설명적 주기에서 영원한 아들에 대한 마지막 묘사는 피조물과의 지속적인 관련성에 대한 언급이다: "그의 능력의 말씀으로 만물을 붙드시며"(1:3b). 이 구절은 자신의 창조물을 보존하고 유지하는 우주적 역할에 대한 언급이지만(골 1:17), 여기에는 피조물을 하나님의 궁극적 목적으로 인도하시는 섭리적 사역도 포함한다.[18] 이러한 섭리적 활동은 구약성경의 하나님께 속한 것이므로(사 46:3-4), 본문은 아들과 아버지의 동질성을 보여준다.

성자에 관한 이 세 가지 원형적 본질과 사역(히 1:2-3)은 보다 많은 신학적 연구를 요하는 공통적인 개념적 배경을 가진다. 세 구절은 모두 헬라적 유대교에서 주로 사용되는 "지혜"나 "말씀"이라는 표현을 사용한다. 이러한 용례는 궁극적으로 구약성경에 기인한다. 예를 들어, 잠언 8:22-31은 의인화된 용어를 사용하여 지혜가 창조 이전부터 하나님과 함께 계셨다고 말한다. 중간기 유대교에는 이러한 구절이 자주 발견된다. 솔로몬의 지혜서(Wisdom of Solomon)는 지혜를 "만물의 조성자"(7:22; 8:6), "하나님께서 세상을 만드실 때 나타나심"(9:9), "전능자의 영광에 대한 순수한 발산... 영원한 빛에 대한 반영(apaugasma)... 그의 선하심의 형상"(7:25-26), "만물에 충만하며 온 우주를 명령하시는 분"(7:24, 27; 8:1)이라고 말한다. 시락(Sirach) 24:9은 지혜를 영원한 존재로 표현한다. 특히 필로(Philo)에 의하면 말씀은 하나님의 형상이며, 창조사역의 대행자이며, 그의 장자이며, 신적 능력의 반영(charaktēr)이며, 하나님은 그를 통해 만물을 유지하신다.[19] 히브리서 1:2-3이 아들을 이러한 개념적 배경으로부터 나온 어휘로 묘사하고 있는 것은 분명하다. 그러나 이 개념은 히브리서에서 처음 나타난 것은 아니다. 앞에서

---

18) Westcott, *Epistle to the Hebrews*, 13-14.
19) 이곳과 다른 여러 곳에서의 Philo의 언급에 대해서는 Attridge, *Epistle to the Hebrews*, 40-45나 Hugh Montefiore, *Commentary on the Epistle to the Hebrews* (San Francisco: Harper and Row, 1964), 36를 참조하라. 이와 유사한 종류의 지혜에 관한 다른 언급은 John F. Balchin, "Paul, Wisdom and Christ," in *Christ the Lord: Studies in Christology Presented to Donald Guthrie*, ed. Harold H. Rowden (Downers Grove, III.: InterVarsity, 1982), 208을 참조하라.

언급한 대로 요한과 바울은 유사한 표현을 사용하여 하나님과 세상에 대한 예수님의 관계를 나타낸다. 최근에 논쟁이 되고 있는 내용은 히브리서에서 이 "지혜 기독론"을 어떻게 해석해야 하는가에 관한 것이다.

로빈슨(Robinson)과 던(Dunn)은 히브리서 1:2-3에 언급된 것과 같은 지혜의 말은 예수님에 관한 "언급 방식"(way of speaking)으로, 이것은 그의 신적 선재하심이나 신적 본질의 공유에 대한 언급이 아니라 하나님의 지혜가 인간 예수에게 완전히 구현되어 그가 신적 지혜를 입은 것이라고 말한다. 던은 다음과 같이 말한다.

> 그리스도만이 하나님의 지혜, 즉 하나님의 창조와 계시 및 구속적 사역을 입으셨기 때문에 지혜에 관한 것은 모두 그리스도에 관한 것이라고 할 수 있다... 선재하신 것은 하나님의 행위와 능력이며, 그리스도는 선재하신 하나님의 행위나 능력이라기보다 종말론적 구현이다.[20]

지혜의 언어적 배경에 대해 잘 아는 것이 도움은 되겠지만 비인격적 지혜를 대상으로 하는 것은 잘못된 것이다. 이 구절은 분명히 구체적 인격, 즉 성자 예수님에 관한 것으로, 그에 대한 서술이다.[21] 본문의 내용을 단순히

---

20) James D. G. Dunn, *Christology in the Making: A New Testament Inquiry into the Origins of the Doctrine of the Incarnation* (Philadelphia: Westminster, 1980), 209. John A. T. Robinson, *The Human Face of God* (London: SCM, 1973), 149-61; L. D. Hurst, "The Christology of Hebrews 1 and 2," in the *Glory of Christ in the New Testament: Studies in Christology in Memory of George Bradford Caird*, ed. L. D. Hurst and N. T. Wright (Oxford: Clarendon, 1987), 156; George B. Caird, "The Development of the Doctrine of Christ in the New Testament," in *Christ for Us Today,* ed. W. Norman Pittenger (London: SCM, 1968), 75-80.
21) Cf. John P. Meier, "Symmetry and Theology in the Old Testament Citations of Heb. 1:5-14," *Biblica* 66 (1985): 531-32. Charles F. D. Moule, "Jesus of Nazareth and the Church's Lord," in *Die Mitte des Neuen Testaments: Einheit und Vielfalt neutestamentlicher Theologie: Festschrift für Eduard Schweizer*, ed. Ulrich Luz and Hans Weder (Göttingen: Vandenhoeck & Ruprecht, 1983), 184. Moule는 예수님을 단순히 신적 지혜/말씀을 가진 인간으로 보는 관점은 "지나친 단순화"(oversimplification)이며, 신약성경의 실체를 반영하지 못한 것이라고 말한다.

하나의 "언급 방식"으로 격하하는 것은 로빈슨과 던(Dunn)이 신약성경을 통해 추구하려는 큰 틀 속에 억지로 끼워 넣는 것에 불과하다.[22] 사실 예수님의 인격과 사역을 반영하는 방식으로서 지혜는 신약성경신학의 여러 단계(분야)에서 매우 중요한 개념이며,[23] 하나님의 지혜와 본질에 대한 완전한 인격적 표현으로서 자신에 대한 예수님의 가르침에서 살펴보아야 한다. 마태복음 11:16-30(23:34 및 누가복음 7:34-35; 11:49의 병행구절도 참조)에서 예수님은 자신에 대해 아버지를 계시할 수 있는 유일한 분으로서 하나님의 아들이자 하나님의 지혜로 묘사하며, 마치 지혜(의인화 된)가 유대교의 추종자들을 부르듯이 사람들을 불러 자기에게 배우게 하셨다(잠 8:1-21; 9:1-6; 지혜서 6:12-20; 9:17-18; 시락 6:18-31; 24:19-22; 51:13-30, 특히 51:23, 26).[24]

히브리서에는 성자의 인격적 선재하심과 영원성에 관해 두 본문에서 암시적으로 제시한다. 이들(나중에 자세히 다룬다) 가운데 하나는 그의 성육신(2:9, 14) 및 "그를 위해 예비된 몸을 입고 세상에 오심"(10:5-9)이라는 언급에서 발견할 수 있다. 이것은 아들의 선재하심과 하늘에 계시다가 하나님의 구속 계획의 성취를 위해 역사의 한 시점에 인간의 본질을 입으시고 세상에 오셨음을 말해준다. 이것은 분명 지상에서의 육신적 삶의 시작이지만 존재의 시작은 아니다. 즉 절대적 의미에서의 시작은 아니었다는 것이다.

아들의 선재하심과 영원성에 관한 내용은 그의 무궁한 생명과 영원한 지속성에 관해 언급한 본문에서도 발견된다. 히브리서 7:15-17은 예수님의 영

---

22) Robinson은 "선재하심에 대한 성경저자의 관점을 인간이 납득할 수 있는 수준으로 끌어내릴" 위험이 있다고 양심적으로 고백했으나(*Human Face*, p. 152) 그의 의도는 분명하다.
23) 바울사상에 대해서는 Balchin, "Paul, Wisdom and Christ," 204-19를 참조하라.
24) Felix Christ, *Jesus Sophia: Die Sophia-Christologie bei den Synoptikern* (Zürich: ZwingliVerlag, 1970)), 80, 99, 119, 153-54. Suggs는 어떻게 이러한 지혜 기독론이 마태의 기독론의 핵심이 되었는지를 보여준다(M. Jack Suggs, *Wisdom, Christology, and Law in Matthew's Gospel* [Cambridge, Mass.: Harvard Univ., 1970], 44- 61, 95-97).

원한 아들 되심을 그의 제사장직의 본질적 기초로 제시한다. 즉, 그는 아론의 육신적 반차를 좇아 제사장이 된 것이 아니라 "무궁한 생명의 능력"을 좇아 된 것이다.25) 저자는 이 개념을 시편 110:4("네가 영원히 멜기세덱의 반차를 좇는 제사장이라")에서 발견한다. 그는 창세기 14장의 멜기세덱에서 발견되는 전형을 사용하여 히브리서 7:3에서 예수님의 아들 되심과 연결하였다. 멜기세덱은 "아비도 없고 어미도 없고 족보도 없고 시작한 날도 없고 생명의 끝도 없어 하나님 아들과 방불하여 항상 제사장으로 있는 자"이다.26) 실제적 호소 부분인 히브리서 13:8은 예수 그리스도의 변함없으신 동일하심을 신앙의 초점으로 제시한다: "어제나 오늘이나 영원토록 동일하시니라." 이 구절은 1:10-12과 마찬가지로 그의 미래적 영원성뿐만 아니라 지도자들의 삶을 통해 거슬러 올라감으로 그의 선재하심과 연결하며(13:7), 그의 충실하신 지상에서의 삶은 영원한 과거로 연결된다.27) 이렇게 함으로 백성들에게 언제든지 그의 영원성에 대한 확신을 주게 된다(cf. 4:14-16; 7:23-25).

요약하면 히브리서에 나타난 선재하시는 영원한 아들에 관한 주제는 예수님에 대해 하나님의 신적 본질과 사역을 전적으로 공유하신 분으로 제시한다. 이러한 배경에서 볼 때 히브리서가 적어도 한 곳에서 예수님을 "하나님"으로 제시한 것에 대해서도 쉽게 이해할 수 있다. 쿨만이 언급하였듯이 "예수님은 그의 신성을 가지신 유일한 아들이기 때문에 하나님으로 제시될 수

---

25) Büchsel은 히브리서 9:14을 통해 7:16의 단순한 의미를 제거함으로 본문에 대한 독단적 관점을 제시한다. "그와 함께 하시는 영원하신 성령은 인간으로서 예수님에게 있는 무궁한 생명의 능력이다... 따라서 그는 자신 안에 무궁한 생명의 능력을 가지고 있지 않다. 예를 들면 그는 신적 본질을 가지고 계신다. 그는 하나님과의 교제를 통하여 그것을 가지신다"(*Theological Dictionary of the New Testament*, s.v. "akatalytos," 4:338-39). Büchsel은 독단적 전제로 인해 7:16의 분명한 신학적 함축을 회피하였다.
26) Milligan, *Theology of the Epistle to the Hebrews*, 75; George Barker Stevens, *The Theology of the New Testament*, 2d ed. (Edinburgh; T. & T. Clark, 1918), 503.
27) Filson은 13:8의 "어제"에 대해 과거의 역사적 영역을 강조하였으나, 과거의 영원성에 대해서는 부인함으로 이 구조를 너무 쉽게 무너뜨리고 만다(F. V. Filson, *"Yesterday": A Study of Hebrews in the Light of Chapter 13*, Studies in Biblical Theology 2:4 [London: SCM, 1967], 30-35).

있다."28) 시편 45:6-7을 인용한 히브리서 1:8은 아들에 대해 "하나님이여 주의 보좌가 영영하며 주의 나라의 홀은 공평한 홀이니이다"라고 하였다. 이 구절의 전체 의미에 관해서는 여러 가지 해석이 있지만, 대부분의 해석가들은 본문에서 히브리서의 저자가 하나님(theos)이라는 칭호를 그의 신적 지위와 함께 아들에게 적용하고 있다는 것에 동의한다.29) 따라서 쿨만은 "예수님의 신성은 요한복음을 제외하면 다른 어떤 신약성경보다 히브리서에 강력히 제시된다"30)고 말한다. 히브리서의 기독론의 놀라운 특징은 이러한 신성과 함께 지금부터 살펴볼 예수님의 참된 인성에 대해 고찰하고 있다는 것이다.

(2) 성육신하신 지상의 아들

앞에서 언급한 대로 히브리서의 서문은 하나님께서 이 마지막 날에 자신의 아들을 통해 최종적으로 완전하게 말씀하셨다는 사실을 강조한다. 아들은 신적 본질을 완전히 공유하기 때문에 오직 그만이 성부를 완전하게 계시하실 수 있다. 그러나 물론 이 계시는 새로운 단계의 아들 되심에 의해 성취되어야 한다. 선재하신 영원한 아들은 성육신하신 지상의 아들이 되실 필요가 있다. 1:3이 강조하는 대로, 이것은 궁극적으로 "죄를 정결케 하는 일"을 위해 고난과 죽음으로 이끈다.

히브리서의 특징 가운데 하나는 하나님의 아들의 이러한 희생적 인성에 대한 묘사이다. 즉, 지상에서의 고난, 순종에 대한 시험, 그리고 자기희생을 통해 하나님의 뜻을 이루고 계시적 사역을 성취하며 주어진 구속사역을 완성한 것이다. 히브리서는 복음서를 제외한 신약성경의 어떤 책보다 역사적

---

28) Cullmann, *Christology of the New Testament*, 310.
29) Attridge, *Epistle to the Hebrews*, 58-59. Murray J. Harris, "The Translation and Significance of *ho theos* in Hebrews 1:8-9," *Tyndale Bulletin* 36 (1985); 129-62; and Leslie C. Allen, "Psalm 45:7-8 (6-7) in Old and New Testament Settings", in Christ the Lord, 220-42. 그러나 K. J. Thomas, "The Old Testament Citations in Hebrews," New Testament Studies 11 (1964-65): 303-25 and Hurst, "The Christology of Hebrews 1 and 2," 159-60 등은 이 주장을 반박한다.
30) Cullmann, *Christology of the New Testament*, 305.

예수님의 지상에서의 삶에 초점을 맞춘다. 여기에는 유다지파에서 나심(7:14), 완전한 인간적 시험과 무죄하신 순종(4:15), 겟세마네에서의 갈등(5:7), 예루살렘 밖에서의 희생적 죽음(13:12) 등이 포함된다.31) 이것은 그의 인성과 인간과의 결속, 그리고 하나님이 맡기신 사역을 위해 완전한 인간이 되어야 할 필요성 등에 대한 반복되는 신학적 사색으로 연결된다(2:10-18; 4:14-5:10; 10:5-10). 하나님의 아들이 하늘로부터 지상으로 오셔서 죄를 정결케 하셨다는 역설적 행보가 가장 잘 나타난 곳은 히브리서 5:8-9이다: "그가 아들이시라도 받으신 고난으로 순종함을 배워서 온전하게 되었은즉 자기를 순종하는 모든 자에게 영원한 구원의 근원이 되시고" 이 위대한 주제는 하나의 핵심적 본문(2:5-18)과 몇 가지 중요한 본문(4:14-16; 5:7-10; 10:5-10; 12:1-11)을 이러한 논의와 함께 살펴봄으로 추적할 수 있다.

성육신하신 지상의 아들에 관한 핵심적 본문(2:5-18)은 두 부분으로 나눌 수 있다. 첫 번째 부분(5-9절)은 시편 8편의 몇 구절을 인용하여 간략히 살펴봄으로 아들의 의미에 대해 알아볼 것이다. 이 시편의 인용문은 인간의 놀라운 지위에 대해 보여준다. 인간은 비록 하나님의 위대하신 창조물 가운데 연약한 존재이나 엄청난 위엄("영광과 존귀로 관 씌우시며")과 지위("만물로 저에게 복종케 하셨은즉")를 주셨다. 시편 8편 자체는 창세기 1:26-28로 돌아가, 하나님의 형상과 모든 세계를 다스리라는 인간에 대한 명령을 상기시킨다. 그러나 히브리서 저자는 자신이 가장 즐겨 사용하는 해석학적 방식을 좇아32) "만물"이 인간에게 복종한다(시 8:6)는 개념에 대해 상고한다. 그는 이 명령이 하나님의 의도하신 대로는 "아직" 확실히 성취되지 않았다는 결론을 내린다. 그 이유는 "만물이 아직 저에게 복종한 것을 보지 못하기"

---

31) Erich Grässer, "Der historische Jesus im Hebräerbrief," *Zeitschrift für die neutestamentliche Wissenschaft* 56 (1965): 63-91; Bertram L. Melbourne, "An Examination of the Historical Jesus Motif in the Epistle to the Hebrews," *Andrews University Seminary Studies* 26 (1988): 281-98.
32) 네 본문(시 8편, 95편; 110편; 렘 31장)에 대한 히브리서 기자의 해석학적 전형에 대해서는 George B. Caird, "The Exegetical Method of the Epistle to the Hebrews," *Canadian Journal of Theology* 5 (1959): 47-49를 참조하라. 이들 본문은 모두 "옛 질서의 불합리성"에 대해 제시한다(p. 7).

(히 2:8c) 때문이다. 카이드(Caird)의 말처럼 "구약성경은 성취되지 않은 열망과 비전을 표현한다."[33]

히브리서 기자는 시편 8편의 자세한 내용에 대해 숙고하며 본문의 전형적인 패턴에 의해 제시되고 있는 예수님에 초점을 맞춘다. 그는 "천사들보다 잠간 동안 못하게" 되셨으나 이제 "영광과 존귀로 관 쓰심"(히 2:9)으로 그를 통해 인간의 승귀적 운명이 성취되기 시작하였으며 장차 완전한 절정에 이를 것이다.[34] 이러한 시편 해석은 직접적인 메시아적 이해에 근거한 것이 아니라(본 시편은 그리스도를 배타적으로 지칭하고 있지만), 전체 인간과 그리스도 사이의 신학적 패턴 및 원형적 연결에 대한 관찰에 기인한 것이다.[35] 따라서 저자는 그것을 자세히 드러내지 않고, 아담-기독론을 통해 제시한다. 즉 하나님께서 인간을 위해 주셨으나 첫 번째 아담이 상실한 인간의 영역을 그리스도께서 인간을 대표하여 성취하실 것이라는 사실을 보장한다.[36]

히브리서 2:9에 분명하게 제시되지 않은 것은 이것이 성취되는 과정이다. 아들은 (1) 성육신하시어 지상에 오셨으며("천사들보다 잠깐 동안 못하게 하심"), (2) 사람들을 위하여 죽음을 겪으셨으며 ("하나님의 은혜로 말미암아 모든 사람을 위하여 죽음을 맛보려 하심"), (3) 현재 하나님의 우편에서 영광과 존귀의 지위로 승귀하셨다("죽음의 고난 받으심을 인하여 영광과 존귀

---

33) Ibid., 49.
34) Richard N. Longenecker, *Biblical Exegesis in the Apostolic Period* (Grand Rapids: Eerdmans, 1975), 181.
35) Donald R. Glenn, "Psalm 8 and Hebrews 2: A Case Study in Biblical Hermeneutics and Biblical Theology," in *Walvoord: A Tribute*, ed. Donald K. Campbell (Chicago: Moody, 1982), 46-47; Leonhard Goppelt, *Theology of the New Testament*, trans. John E. Alsup, ed. Jürgen Roloff, 2 vols. (Grand Rapids: Eerdmans, 1982), 2:244-46; and Longenecker, *Biblical Exegesis in the Apostolic Period*, 171-74, 181.
36) C. F. D. Moule, *The Origin of Christology* (Cambridge: Cambridge Univ., 1977), 101; Hamerton-Kelly, *Pre-existence, Wisdom and the Son of Man,* 247-48; Erich Grässer, "Beobachtungen zum Menschensohn in Hebr 2:6", in *Jesus und der Menschensohn: für Anton Vogtle,* ed. Rudolf Pesch and Rudolf Schnackenburg (Freiburg: Herder, 1975), 411-13.

로 관 쓰심"). 예수님의 전형적 성취와 시편 8편에 언급된 인간 사이의 일치는 익살에 의한 수사학적 기법(paronomasia)으로 설명된다. 이러한 문학적 기법을 통해 시편 속에 담긴 의미보다 확장된 의미를 담은 핵심적 구절이 주어진다. 그러나 히브리서 저자는 이들 구절의 의미를 결코 놓치지 않으면서 예수께서 그들을 통해 성취하시는 보다 확장된 의미를 능숙하게 제시한다. 따라서 시편 8:5에서 인간이 하나님보다 약간 못한 고귀한 위치로 제시하고 있는(따라서 맛소라 사본이나 70인역 및 히브리서는 "천사"라고 표현했다) "조금 못하게 하심"이라는 구절은 익살 기법에 의해 예수님의 성육신에 관한 비하적 언급으로 제시된다: "천사들보다 잠깐 동안 못하게 하심." 둘째로 "영화와 존귀로 관을 씌우셨나이다"(시 8:5b, 창세기 1:26-27에서와 같이 하나님의 형상을 입은 인간에 대한 표현)는 예수님의 죽음 이후의 승귀를 언급하는 말로 바뀌었다. 끝으로, "인자"라는 구절도 시편 8:4b에서는 단순히 인간을 의미하나(시 8:4a 와의 동음적 병행귀[synonymous parallelism]에 의해) 인자로서 예수님을 지칭하는 격조높은37) 언급이 되었으며,38) 문맥적으로는 그의 성육신, 인성, 희생적 죽음 및 이어지는 하나님의 인정 등을 강조하게 되었다.39)

---

37) 저자는 이처럼 정교한 수사학적 방식을 통해 특별한 설명 없이 목적을 달성한다.
38) 이 구절이 히브리서 2:6의 예수님의 호칭에 관한 언급인지는 논쟁이 되고 있으나, 앞에서 제시한 대로 그의 스타일로 밖에 설명할 수 없다. 더구나 "인자"는 당시 메시아적 호칭으로 인식되었기에 저자는 그런 차원에서 주제를 전개하였으며 이것이 그의 의도가 분명하다. F. F. Bruce, *The Epistle to the Hebrews: The English Text with Introduction, Exposition and Notes,* New International Commentary on the New Testament (Grand Rapids: Eerdmans, 1964), 35. Francis J. Moloney, "The Reinterpretation of Psalm VIII and the Son of Man Debate," *New Testament Studies* 27 (1981); 656-72. Moloney는 시편 8편에 대한 탈굼의 번역이 개인적이며 메시아적이라는 것은 이 개념이 기독교 이전의 유대교에 있었으며 신약성경에서 예수님에 대한 언급으로 널리 퍼진 계기가 되었음을 보여준다고 말한다.
39) Francis J. Moloney는 이들 주제가 요한이 예수님에 대해 "인자"라는 호칭을 사용한 것과 연결된다고 말한다(*The Johannine Son of Man* [Rome: Libreria Ateneo Salesiano, 1976], 211-20).

히브리서 2:9에 급조된 세 가지 사상은 2:10-18에서 보다 깊은 신학적 성찰로 나타난다. 이들은 별도로 제시되지 않고 문맥 속에 밀접하게 연결되어 있다. 편의상 세 가지 주제를 별도로 살펴봄으로 히브리서의 다른 본문에 제시된 유사한 개념과 쉽게 연결되게 했다.

히브리서 2:10-18에 나타나는 첫 번째 주제는 하나님의 아들이신 예수께서 이 땅에 오셔서 완전한 인성을 취하시고 사람과 함께 되셨다는 것이다. 시편 8편에 함축된 예수님의 성취는 그의 진정한 인성이다. 따라서 히브리서 2:9은 선재적 영원하신 아들이 "잠간동안 못하게 하심"을 입고 세상에 오셔서 혈육을 입으셨다고 해석할 수 있다. 신적 존재가 성육신 하시어 스스로 인간이 되기까지 낮아지시고 잠시 동안 지상적 존재가 되신 것이다. 2:14a는 신학적으로 그가 완전한 인성을 취하셨음을 강조한다: "자녀들은 혈육에 함께 속하였으매 그도 또한 한 모양으로 혈육에 함께 속하심은." 이 구절의 강조점은 선재하신 영원한 아들이 기꺼이 인간 속으로 들어오셔서 지상의 삶을 사셨다는 것이다. 헬라어 동사의 시제는 본 구절의 의미를 분명히 하는데 도움이 된다. 즉, 자녀들이 "함께 속하였으매"(have shared/are sharers)는 존재의 현재 상태를 강조하는 완료형 시제가 사용되었으며, 그가 "속하심"(he partook)은 그러한 상태로 들어가는 사건에 초점을 맞추어 '진입하다'는 개념을 가진 부정과거가 사용되었다.40) 이것은 예수께서 이러한 인간의 조건에 언제나 머무시지 않고 역사의 적정 시점에 인간이 되셨다는 것이다. 5:7의 "육체에 계실 때에"는 그가 인간의 육체적 본질을 입으심을 말하나, 이것은 나중에 승귀하신 지위에서 본 관점이다(5-6절).

---

40) Bruce, *Epistle to the Hebrews,* 41 n. 55; Geoffrey W. Grogan, "Christ and His People: An Exegetical and Theological Study of Hebrews 2:5-18," *Vox Evangelica* 6 (1969): 62; John W. Pryor, "Hebrews and Incarnational Christology," *Reformed Theological Review* 40 (1981): 46. 이런 종류의 동사가 사용될 때 완료형과 부정과거시제의 구별에 대한 저자의 설명을 참조하라(Buist M. Fanning, *Verbal Aspect in New Testament Greek* [Oxford: Clarendon, 1990], 136-40.

그의 육체적 성육신에 대한 강조는 10:5-10에서 되풀이 된다. 본문은 그가 '세상에 오셔서 육체를 입으신 것'이 하나님의 뜻을 이루기 위함이라는 사실을 분명히 한다. 본문에서 저자는 시편 40편에 언급된 다윗의 전적인 헌신을 아들의 성육신과 희생적 죽음을 통해 상징적으로 성취되었다고 보았다.[41] 본문에는 시편의 어순이 교묘하게 도입되고 있으며, 그리스도의 성취가 가지는 보다 큰 의미에 초점을 맞춘다. 히브리서 10:5("세상에 임하실 때에")은 선재하신 아들이 인간의 삶에 들어오심을 보여주며, 시편 40편은 이것이 "하나님의 뜻을 행하기 위해서"임을 보여주는데 초점을 맞춘다. 더욱이 본문의 헬라어 번역("한 몸을 예비하셨도다")은 시편의 히브리어 원문("나의 귀를 통하여")을 의역한 것으로,[42] 하나님의 뜻에 대한 아들의 전적인 헌신을 묘사하기 위한 가장 적절한 방식으로 제시된다. 예수 그리스도는 자신의 몸을 자발적으로 드리심으로 하나님의 뜻을 성취하시고 우리의 거룩함을 이루신 것이다(히 10:5, 10). 두 본문 모두 완전한 성육신 기독론에 가깝다(2:5-18 및 10:5-10).

그러나 이에 관해서는 많은 논쟁이 있다. "위로부터의 기독론"(Christology from above), 즉 선재하신 아들이 하늘로부터 세상에 오셔서 완전한 인간이 되셨다는 것은 여러 사람의 반박을 받았다. 그들은 아래로부터의 기독론이 히브리서에 제시된 참 모습이라고 주장한다. 허스트(Hurst)는 "히브리서의 첫 번째 두 장은 자신을 낮추어 인간이 되신, 선재하신 존재에 초점을 맞추지 않는다. 오히려 본문은 승귀하신 지위에 오른 인간에 초점을 맞춘다"고 말한다.[43] 로빈슨(Robinson)은 본서 전체에 대해 비슷한 관점을 제기

---

41) S. Lewis Johnson, *The Old Testament in the New* (Grand Rapids: Zondervan, 1980), 53-67.
42) 이 번역의 정당성에 대해서는 전체(몸)에 대한 부분(귀)으로 이해하는 것으로 제시되었다. Walter C. Kaiser, "The Abolition of the Old Order and Establishment of the New: Psalm 40:6-8 and Hebrews 10:5-10," in *Tradition and Testament: Essays in Honor of Charles Lee Feinberg*, ed. John S. Feinberg and Paul D. Feinberg (Chicago: Moody, 1981), 19-37.
43) Hurst, "Christology of Hebrew 1 and 2," 152. 그는 이 책에서 George B. Carid, "Son by Appointment," in *The New Testament Age: Essays in Honor of Bo Reicke*,

한다.44) 이 주장을 뒷받침하는 본문은 예수님의 실제적 인성에 대해 강조하는 내용이다. 그러나 예수님의 인성에 대한 강조가 하늘에서의 선재하심과 성육신에 대해 분명히 가르치고 있는 히브리서 본문을 왜곡해서는 안 된다.45) 위에서 살펴본 대로 히브리서는 기독론에서 인성과 신성을 독특하게 결합한다.

이것은 2:10-18에 언급된 첫 번째 주제의 다른 요소로 인도한다. 그것은 아들의 진정한 성육신이 모든 인간과의 중요한 관계를 형성하셨으며, 우리는 그의 "형제"가 되었다는 것이다. "아들과 아들들"이라는 주제는 히브리서에서 독특하게 전개된다. 이 주제는 성육신을 통해 구주와 그가 구원한 자들 사이에 형성된 결속력을 표현하는 방식으로 전개된다. 물론 이 주제는 시편 8편에 저자가 제시하는 아담-기독론에서 직접 나온 것이다. 진정한 인간으로서 예수님은, 하나님께서 주셨으나 아담이 상실하고 말았던 인간의 사명을 성취하시고 그의 인성을 공유한 자들에게 구원을 보장하셨다.

히브리서 2:10은 이 주제를 다룬다. 즉 하나님은 그리스도 안에서 "많은 아들을 이끌어 영광에 들어가게 하시는 일"을 하신다. 이러한 사상은 2:11-13에서 더욱 확대된다. 본문은 특히 이들에 대한 예수님의 사역에 대해 강조

---

ed. William C. Weinrich, 2 vols. (Macon, Ga.: Mercer Univ., 1984), 1:73-81.
44) Robinson, *Human Face of God*, 155-61. Pryor는 로빈슨의 관점에 대해 반박하고, 선재하심과 성육신은 히브리서의 기독론에서 배제될 수 없다고 말한다("Hebrews and Incarnational Christology," 44-50). Ronald Williamson, "The Incarnation of the Logos in Hebrews," *Expository Times* 95 (1983): 4-8도 이와 유사한 결론을 내린다.
45) John Knox, *The Humanity and Divinity of Christ: A Study of Pattern in Christology* (Cambridge: Cambridge Univ., 1967), 61-70, 73, 93-95, 106. 그는 "예수님은 완전한 인간이시므로 신성이나 선재하심은 있을 수 없다"고 주장한다. 이와 관련하여, Dunn이 제기한 유사한 주장에 대한 C. E. B. Cranfield의 언급을 상기할 필요가 있다. 즉 완전한 인성과 진정한 인성의 구별은 기독론 논쟁에서 필요하다는 것이다 ("Some Comments on Professor J. D. G. Dunn's Christology in the Making with Special Reference to the Evidence of the Epistle to the Romans,"in *The Glory of Christ in the New Testament*, 271 n. 6).

한다: "거룩하게 하시는 자와 거룩하게 함을 입은 자들이 다 하나에서 난지라"(NASB; cf. NIV[한 가족이라]). 가족 모티브는 계속되며("그러므로 형제라 부르시기를 부끄러워 아니하시고"), 이것을 뒷받침하기 위해 하나님의 지도자와 그가 인도하는 하나님의 백성 공동체와의 관계에 초점을 맞춘 구약성경이 인용된다(시 22:22; 사 8:17-18). 이들은 그의 형제며, 그에게 주신 하나님의 자녀들이다. 히브리서 2:14-18은 성도들과의 이러한 결속력이 아들의 구속 사역 성취에 필요하다고 말한다: "자녀들은 혈육에 함께 속하였으매 그도 또한 한 모양으로 혈육에 함께 속하심은... 이는 실로 천사들을 붙들어 주려 하심이 아니요 오직 아브라함의 자손을 붙들어 주려 하심이라 그러므로 저가 범사에 형제들과 같이 되심이 마땅하도다." 본문에는 기독교의 놀라운 진리가 다시 한번 빛난다: "영원한 아들은 멀리서 일하신 것이 아니라 우리와 같이 되셔서 희생적 순종을 통해 우리를 영광으로 인도하신 것이다!"

예수님의 시편 8편에 대한 성취와 관련하여 히브리서 2:10-18에서 제기하는 두 번째 주제는 하나님의 계획안에서 예수님은 인류의 구원을 위해 고난과 죽음을 겪으셨다는 것이다. 우리는 먼저 히브리서 2:9-10에 언급된 두 구절에 주목해야 할 필요가 있다: "하나님의 은혜로 말미암아 모든 사람을 위하여 죽음을 맛보려 하심이라," "저희 구원의 주를 고난으로 말미암아 온전케 하심이 합당하도다." 부분적으로, 두 구절은 하나님이 예수님의 고난을 통해 이루신 일과 예수님의 대속적 죽음을 통해 드러내신 하나님의 성품에 관한 언급이다.[46] 이와 같이 본문은 1:1-4을 상기시킨다. 즉, 하나님은 그의 아들을 통해 유일하고 완전하게 말씀하셨으며, 이것은 자신에 관한 이전의 모든 계시를 능가한다는 것이다. 10:7, 9-10에 언급된 사상도 발견된다. 예수님은 하나님의 뜻을 행하러 왔으며, 제물이 되심으로 성도들을 거룩하게 하신 것도 그의 뜻에 따른 것이다. 요점은 하나님께서 자신의 구원 계획을 예수님의 고난과 죽음을 통해 성취하시며 예수님은 비록 자신에게 주어진 길에 고난이 있었으나 그 길을 순종함으로 걸어갔다는 것이다.

---

46) William Manson, *The Epistle to the Hebrews: An Historical and Theological Reconsideration* (London: Hodder and Stoughton, 1951), 101-2.

구속사(즉, 하나님이 자신의 구원 계획을 이루어 가심)적 요소는 계속되며, "아들과 아들들"에 관한 주제는 2:10에 언급된 "구원의 주"(author 또는 pioneer[*archēgos*])에 의해 제기된다. 이 단어는 여러 가지 의미로 번역되며, 영어로는 한 단어로 표현하기 어려운 복잡한 뉘앙스를 가지고 있다.47) 본문에는 주인공이나 대표적 승리자의 개념이 발견된다. 특히 2:14b-15에서 그는 마귀의 권세를 없이하시고, 사망이 두려워 일생에 종노릇하는 모든 자들을 죽음으로부터 구원하신다. 물론, 시편 8편에 대한 성취 속에는 모든 인류에 대한 대표적 승리가 포함되어 있다. 이 용어에는 구속사적 개념이 담겨 있다. 그 이유는 본문이 인간에 대한 구속사의 새로운 단계에 들어오신 예수님의 역할에 대해 제시하기 때문이다. 구원의 창시자이신 예수님은 이전 시대가 예언만 했던 구속을 성취하기 시작하셨다.48)

*archēgos*라는 말은 개척자, 선구자, 지도자라는 의미가 있기 때문에 "아들과 아들들"에 관한 주제와 밀접하게 연결되어 있다. 이러한 뉘앙스는 12:1-2에서 전면에 부상한다. 본문에서 그리스도인들은 십자가의 수치와 고난을 개의치 않으시고, 앞서 가셔서 목적지에 도달하신 주(*archēgos*)를 바라보며, 인내로서 경주하라는 촉구를 받는다. 그리스도인들의 고난은 질적으로 다르지만, 그들 역시 고난의 길에 동참하여 영광을 얻고 낮아짐을 통해 존귀를 얻어야 한다. 3-4절은 신자들이 현실적인 유혹에 직면하여 순종함을 배우고, 무서운 죄의 실체와 이 땅에서의 삶을 인내로 견디라고 촉구한다. 우리는 비록 하나님의 자녀이지만, 아들이신 예수께서 고난을 통해 순종을 배우신 것처럼(5:8), 시험의 어려움으로부터 벗어날 수 없다.

더욱 중요한 것은 히브리서가 예수님의 고난과 죽음을 인류에게 구원과 승리를 제공하는 방식으로 제시하고 있다는 사실이 강조되어야 한다는 것이

---

47) 다양한 의미에 대해서는 George Johnston, "Christ as *Archēgos*," *New Testament Studies* 27 (1981); 381-85를 참조하라. 그는 "임금"이라는 뜻을 선호한다.
48) Cf. J. Julius Scott, "*archēgos* in the Salvation History of the Epistle to the Hebrews," *Journal of the Evangelical Theological Society* 29 (1986): 47-54.

다. 하나님의 은혜로 아들은 모든 사람을 위해 죽음을 경험하였다(2:9). 이것은 당연히 그의 성육신과 진정한 인성을 요구하며, 그는 이와 같은 대속적 죽음을 통해 죽음을 두려워하여 그것의 종이 되었던 자들을 구원하신 것이다(2:14-15). 이 대적을 복종시키지 않고서 어떻게 그가 인간에게 제공된 만물에 대한 지배권을 취할 수 있겠는가(2:6-8; 시 8:4-6)? 바울도 시편 8편에 대해 언급하였듯이, 그리스도의 죽음과 부활은 그의 백성들을 위해 사망을 포함한 모든 대적에 대한 최종적 승리를 가져왔다고 말한다(고전 15:20-28). 아들의 죽음에 관한 자세한 내용은 대제사장으로서의 예수에 관한 장에서 다루어질 것이다.

히브리서 2:10-18에서 발견할 수 있는 세 번째 주제는 그는 많은 시험에도 불구하고 순종을 통해 하나님의 구속 계획을 성취하심으로, 신자들의 완전한 제사장으로서 하나님의 존귀하신 지위로 승귀하셨다는 것이다. 이것은 시편 8편에 제시된 성육신과 고난 및 영광이라는 아들의 여정의 마지막 단계이다. 히브리서 2:9에는 목적이 제시되며("죽음의 고난 받으심을 인하여 영광과 존귀로 관 쓰신"), 2:10과 2:17-18에는 두 가지의 중요한 방식이 제시된다. 이들은 역순으로 살펴보는 것이 도움이 될 것이다.

17-18절에서 요점은 그의 성육신(그리고 이어지는 고난)이 그를 자비하고 충성된 대제사장이 되게 한다는 것이다. 그는 시험에도 불구하고 순종하심으로 백성들의 죄를 속하시고 충성됨을 보이셨다(17b절). 이것은 그로 하여금 자비하신 대제사장이 되게 하였다. 그는 고난과 죽음을 직접 겪으심으로 시험을 당해 어려움에 처해 있는 자들의 처지를 아시기 때문이다(18절; 4:14-16).

2:10은 동일한 내용이지만 히브리서에서 특별히 돋보이는 형태의 주제로 제시된다. 즉 구원의 주는 고난을 통해 온전케 되셨다는 것이다. 이것은 그에게 완전한 신적 본질을 부여하는 것으로 시작하여(1:1-4) 여러 곳에서 그의 무죄하심을 주장하였던(4:15; 7:26-28; 9:14) 본서로서는 놀라운 어법이 아닐 수 없다. 그의 온전하심이 죄의 상태로부터 죄가 없는 상태로 변한 것

을 의미하지 않는다는 것은 분명하다.[49] 대신에 많은 사람들이 주장하듯이 온전케 하심은 제사장으로서의 사역을 위한 자격 또는 준비에 초점을 맞춘다. 완전(perfecting[온전])과 관련된 헬라어 단어들은 70인역에서 제사장의 위임이나 성결과 관련하여 유사한 방식으로 사용되었으며(출 29:9, 29, 33; 레 8:33; 21:10),[50] 대제사장의 사역과의 연결은 히브리서에서 예수님의 온전케 되심에 관해 언급한 본문들에 나타난다(히 2:10; 5:9; 7:28).

이와 같이 온전케 되심을 통해 예수님은 대제사장으로서 자격을 부여받으시거나 이 직분에 합당하시다는 신임을 받는다. 그는 시험에도 불구하고 하나님의 뜻에 전적으로 순종하심으로 무죄하심을 나타내었다는 점에서 온전한 제사장이 되셨으며(5:7-10; 7:26-28), 성육신을 통해 완전한 인간이 되시고 인간과 동일한 시험과 고난을 받으심으로 인간과 교감하게 되었으며(2:17-18; 4:14-16), 궁극적으로는 십자가를 지시고 자신을 완전한 대속 제물로 주셨던 것이다(2:9-10, 17; 5:7-10; 7:26-28).[51]

---

[49] Anthony A. Hoekema, "The Perfection of Christ in Hebrews," *Calvin Theological Journal* 9 (1974): 31.

[50] Gerhard Delling, *Theological Dictionary of the New Testament*, s.v. "*teleioō*," 8:82-83; R. Schippers, *New International Dictionary of New Testament Theology*, s.v. "*telos*," 2:60. Peterson은 히브리서에서 "*teleioō*"가 이러한 제의적 의미를 가지고 있다는 주장에 동의하지 않는다. 70인역은 "*teleioun tas cheiras*"(손을 채우다)라는 숙어를 제사장의 위임식과 관련하여 다양한 의미로 사용하는 반면, 히브리서는 동사만 사용하기 때문이다(David Peterson, *Hebrews and Perfection: An Examination of the Concept of Perfection in the "Epistle to the Hebrews,"* SNTS Monograph Series 47 [Cambridge: Cambridge Univ., 1982], 26-30). 이와 같이 절에서 동사로 이동될 때 제의적 의미가 자동적으로 부여되는 것은 아니다. 그러나 "*teleiōsis*"라는 명사는 70인역에서 이러한 위임식에 여러 번 사용되었으며(그리고 동사는 레 21:10에 한번 사용된다), 히브리서의 본문도 이러한 개념을 거듭 주장하기 때문에 이런 의미는 적절한 것으로 보인다. 이에 대한 상세한 내용은 Moisés Silva, "Perfection and Eschatology in Hebrews," *Westminster Theological Journal* 39 (1967): 60-62를 참조하라.

[51] Cf. Hoekema, "Perfection of Christ in Hebrew," 32-33. 지상의 아들로서의 이러한 뉘앙스(성부에 대한 순종과 그의 사역을 수행하심)는 Cullmann, *Christology of the New Testament*, 275-84, 305에서 강조된다.

아들이 온전케 되신 과정은 5:7-10에 상세히 제시되어 있다(본문은 대제사장으로서의 자격을 부여한다). 7절은 겟세마네에서의 경험을 그가 지상 사역에서 만난 시험과 고난으로 묘사한다. 즉 그의 의지함, 인간의 한계 및 하나님께 구원을 부르짖는 기도를 통해 보여준 인간적 고뇌에 대해 생생하게 묘사한다. 하나님의 아들이 특별한 대우를 받거나 정상적인 인간의 연약으로부터 면제되지 않았다는 것은 분명하다. 그러나 겟세마네에서의 경험은 예수님이 강한 시험에 직면하셨다는 사실에 초점을 맞춘다. 하나님의 뜻을 거스르는 시험에 직면하여 그는 자신을 십자가에 내어 주심으로 자신의 순종을 증명하셨던 것이다(cf. 10:5-10).

다음 구절(5:8)은 하나님의 아들이 이러한 과정을 통해 순종을 배우신다는 역설을 제시한다: "그가 아들이시라도 받으신 고난으로 순종함을 배워서." 헬라어 원문은 속담투의 곁말기법을 통해 이러한 배움의 과정에 초점을 맞춘다. 그는 고난을 겪으심으로(*epathen*) 순종을 배우신다(*emathen*). 이것은 그가 '순종하는 것을 배우셨다' 는 말이 아니라, 경험을 통해 지상의 삶에서 순종에 담긴 모든 것들을 배우셨다는 것이다. 그는 하나님께 순종하는 길을 출발하였으며 (10:5-6), 그것을 결코 떠나지 않았으나, 이 과정에서 고난의 실체에 대해 배우셨다.[52]

이것은 아들의 진정한 인성에 대해 다시 한번 증거한다. 그 이유는 모든 인간은 이러한 경험을 통해 발전하고 성장하기 때문이다. 그의 경우 이것은 원래의 불완전에서 비롯된 변화가 아니라, 인간의 순종하는 마음에 대한 경험을 하시기 위함이다.[53] 따라서 시험을 통한 그의 완전한 믿음과 순종은 이 땅에서 순례하는 동안 강력한 고난과 시험에 직면하여 인내해야 하는 그의 백성들에게도 가장 강력한 호소가 될 수 있다(2:18-3:6; 4:14-16; 10:19-39; 12:1-2).

---

52) Westcott, *Epistle to the Hebrews*, 128; and Bruce, *Epistle to the Hebrews*, 103-4.
53) Hoekema, "Perfection of Christ in Hebrews," 35-36; and Cullmann, *Christology of the New Testament*, 97-98.

이와 같이 순종을 통해 온전하게 되심으로 그의 백성들에 대한 영원한 구원의 근원이 되시고(5:9), 하나님께 대제사장이라 칭하심을 받았으며(10절), 크신 존귀와 영광의 지위에 오르시게 되었다(cf. 4-5절 2:9-10). 온전에 관한 주제는 히브리서에서 보다 확대되어 예수님을 온전한 대제사장으로뿐 아니라 그의 구원 사역과 그 결과 에 대해서도 묘사한다(7:11, 19; 9:11; 10:1, 14; 12:23).

지상의 아들을 승귀하신 아들의 지위로 끌어올린 것은 성육신하신 예수님의 고난과 순종을 통해서였다는 사실은 거듭해서 제시된다. 지금부터는 이러한 관점에 대해 살펴볼 것이다.

(3) 승귀하신 아들

히브리서의 서문(1:1-4)은 하나님의 우편에 앉아계신 승귀하신 예수님에 초점을 맞춘다. 이것은 히브리서 전체의 핵심적 주제이다. 나중에 살펴보겠지만 "대제사장"이라는 호칭은 그의 승귀하신 지위와 종종 연결된다. 그러나 "아들"은 여러 본문에서 그의 승귀와 연결되며, 이들 구절은 세 번째 단계의 아들 되심에 대해 묘사한다. 세 번째 단계는 하나님의 아들로서의 예수님의 지위에 또 하나의 새로운 영역을 덧붙였으나, 이것은 어디까지나 선재하신 영원한 아들과 성육신하신 지상의 아들의 단계를 거쳐서 도달된다.

이 새로운 단계의 아들 되심은 1:3b-14절에 분명히 제시된다. 본문은 서문에서 제시하는 아들에 관한 7중 묘사에 대해 결론을 내리고, 그가 천사보다 우월하심에 대해 구약성경에 대한 주석적 인용을 통해 제시한다. 희생적 죽음 후에 높은 곳으로 승귀하심에 대해서는 1:3b에 언급된다: "죄를 정결케 하는 일을 하시고 높은 곳에 계신 위엄의 우편에 앉으셨느니라." "우편에 앉으셨다"는 것은 시편 110:1에 대한 암시로서 시편 본문은 끝부분(히 1:13)에 인용된다.

1:4에 주어진 승귀적 위치에 대한 설명은 처음에는 놀라움을 준다. 아들이 천사보다 뛰어나며, 더 나은 이름을 기업으로 얻으셨다고 말하기 때문이다: "저가 천사보다 얼마큼 뛰어남은 저희보다 더욱 아름다운 이름을 기업으로 얻으심이니." 이러한 존귀는 이전에는 이르지 않았던 그의 순종과 고난을 통해 죄를 정하게 하심으로(2:9) 그에게 부여된 것이다. 1:5에는 이러한 의미가 분명히 제시된다. 본문은 그가 얻으신 뛰어난 이름(그리고 지위)이 "아들"이라고 말한다.[54] 그러나 그가 원래 선재하실 때나 성육신한 상태에서 이미 아들로 불렸다면, 이것을 어떻게 이해해야 하는가(cf. 1:2; 5:8)? 이것은 아무래도 히브리서 1:5에 인용된 두 개의 중요한 구약성경 본문, 즉 시편 2:7 및 사무엘하 7:14에서 아들이라는 호칭의 용례로부터 찾아야 할 것이다. 이들 구약성경 본문은 다윗 왕에 대한 언급이다. 그는 하나님에 의해 신정통치자로 세움을 받았으며, 하나님과의 특별한 관계를 누렸던 사람으로서, "아들 되심"으로 묘사된다.[55] 히브리서 저자는 이들 구절을 예수님에게 적용함으로 그의 등극과 약속된 다윗 왕과 연결한다. 어떤 천사도 예수님이 지금 받으신 지위를 누린 적은 없다. 이와 같이 새로운 의미의 아들로서, 그는 지상의 모든 왕들을 다스리는 기름부음 받은 통치자로 세움을 받았다. 모든 나라는 그의 기업이 될 것이며 땅 끝까지 그의 소유가 될 것이다(시편 2편).[56] 이와 같이 그는 다윗과의 언약, 즉 그의 집과 나라가 영원히 견고케 되리라는 약속(삼하 7장)을 성취하기 시작하셨다.[57] 이것은 히브리서 1:2b에서 원 구

---

54) Meier가 지적한 대로 이것은 "아들"로 시작하는 시편 2:7과 "아들"로 마치는 사무엘하 7:14을 인용한 히브리서 1:5의 배열 속에 교묘하게 강조되어 있다("Structure and Theology in Heb. 1:1-14," 187 n. 63). 이러한 양괄식(인클루지오 또는 괄호 묶기) 기법은 히브리서에 즐겨 사용하는 수사학적 기법이다.
55) 시편에서 이 모티브에 관한 논쟁에 대해서는 John H. Eaton, *Kingship and the Psalms*, 2d ed. (Sheffield: JSOT, 1986), 146-49을 참조하라. 시편 2:7, 12; 72:1; 89:26-27에는 다윗왕 또는 메시아가 하나님의 아들(또는 하나님이 아버지)로 제시된다.
56) 시편 2:7의 "낳았다"는 사도행전 13:33에서 예수님의 부활/승귀와 유사한 의미로 해석된다. 본문을 아들의 "영원한 세대"로 번역하는 것은 어색하다. Charles Caldwell Ryrie, *Biblical Theology of the New Testament* (Chicago: Moody, 1959), 236; Montefiore, *A Commentary on the Epistle to the Hebrews*, 44-45; Donald Guthrie, *New Testament Theology* (Downers Grove, Ill.: InterVarsity, 1981), 362.
57) 이 약속은 이사야 9:1-7; 11:1-12:6; 렘 23:5-8; 겔 37:1-28; 암 9:11-15에서 보다 웅장한 용어로 반복된다.

조를 시작하고 있는 유사한 언급을 강조한다. 즉 아들을 만유의 후사로 세우셨다는 것이다. 시편 2:7-8에 언급된 아들 되심과 기업의 밀접한 연결("너는 내 아들이라... 내가 열방을 유업으로 주리니 네 소유가 땅 끝까지 이르리로다")은 본문에 대해 부활 승천 이후 다윗의 자손 왕으로서 그의 승귀와 관련된 또 하나의 영역으로 해석되어야 함을 보여준다.

예수님의 아들 되심의 세 번째 단계인 1:4-5에 언급된 '되다', '후사가 되다', '낳았다' 와 같은 단어들은 "양자 기독론"(adoptionist Christology)으로 오해되어서는 안 될 것이다.[58] 히브리서는 예수님이 처음으로 하나님의 아들이 되셨다거나 승귀적 관점에서만 아들로 불렸다고도 말하지 않는다.[59] 히브리서에 두드러지게 나타나는 예수님의 아들 되심의 세 단계는 중요한 연결을 갖는다. 그는 선재적 의미에서 항상 아들이었으며(1:1-3; 7:3), 고난을 통해 순종하심을 배우심으로 지상에서 아들이 되셨으며(2:5-18; 5:7-10; 6:6), 승귀를 통해 새로운 단계의 아들이 되셨다(1:4-5; 5:5). 따라서 어떠한 형태로든 "양자론"을 적용하는 것은 옳지 않다. 그는 승귀하시기 전에 이미 아들이셨기 때문이다. 히브리서에는 하나님의 아들이 아닌 자가 지상에서의 순종을 통하여 아들이 되셨다는 언급은 결코 없다. 예수님은 새로운 단계의 아들이 되셨다. 이것은 결코 그의 승귀를 통해 처음으로 이러한 왕적 지위를 얻게 되었다는 말이 아니다.

시편 2편과 사무엘하 7장은 메시아적 통치의 지상적(earthly) 국면에 대해 생생하게 묘사한다(시 2:1-2, 6, 8, 10; 삼하 7:10-11). 장차 다윗과 같은 왕으로서 통치하실 예수님의 지상적 통치에 대해 히브리서 1:6은 그가 천사보

---

58) Robinson, *Human Face of God*, 155-61; Dunn, *Christology in the Making*, 51-56; and Caird, "Son by Appointment," 73-81. 그는 히브리서의 소위 양자론적 언어들을 강조한다.
59) 지상의 예수님은 "이 호칭에 대한 예기적(proleptic) 적용"에서만 아들로 불렸다 는 주장, 즉 나중에 승귀를 통해 아들이 되셨다는 Ernst Käsemann의 주장(*The Wandering People of God: An Investigation of the Letter to the Hebrews*, trans. Roy A. Harrisville and Irving L. Sandberg [Minneapolis: Augsburg, 1984], 97-101)은 히브리서의 아들에 대한 관점과 부합되지 않는다.

다 뛰어나다는 사실을 언급하고 있는 다른 인용문과 연결한다: "하나님의 모든 천사가 저에게 경배할지어다"(신 32:43; 시 97:7). 본문의 의미는 히브리서 1:6a의 인용문 서론에 언급된 경배의 배경에서 찾을 수 있다: "또 맏아들을 이끌어 세상에 다시 들어오게 하실 때에." 이 구절을 이해하기 위해서는 두 개의 핵심 단어를 이해해야 한다. "맏아들"의 의미는 시편 89:26-27에서 찾을 수 있다. 본문은 하나님의 아들로서 다윗과 같은 통치자에 대한 또 하나의 언급으로, 장자를 세계 열왕의 으뜸으로 삼는다는 내용이다. 그를 "세상에"(hē oikoumenē) 들어오게 하신 것은 얼핏 보면 성육신에 대한 언급으로, 메시아가 지상에서의 삶을 시작하신다는 뜻으로 보인다. 그러나 모든 천사가 경배한다는 내용과 연결하기는 어렵다(눅 2:8-14에도 불구하고). 히브리서 2:5-9은 성육신에 대해 예수님이 잠시 동안 천사보다 못하게 되셨다고 말한다. 사실 후자는 천사들과의 대조를 통해 1:6의 의미를 보다 분명히 제시한다. 본문은 핵심 용어를 설명과 함께 다시 사용하기 때문이다: "하나님이 우리의 말한바 장차 오는 세상(tēn oikoumenēn tēn mellousan)을 천사들에게는 복종케 하심이 아니라"(2:5). 이 구절이 보여주듯이 "오는 세상"은 인자로서 예수님에게 복종한다(2:6-9).[60]

1:5-14에 연속된 세 가지 구약성경 인용문은 천사의 일시적 지위(7절, 시 104:4 인용)를 아들의 영원한 나라(8-9절, 시편 45:6-7 인용) 및 영원한 존재(10-12절, 시 102:25-27 인용)와 대조함으로 승귀하신 왕권에 대해 언급한다. 이들 인용문은 예수님의 아들 되심에 관한 세 단계의 상호관계에 초점을 맞춘다. 본문에서 저자는 하나님으로서의 아들(히 1:8a), 창조 사역에서의 역할(10절), 다른 창조물과 달리 영존하심(11-12절)에 관해 언급함으로 영원한 아들 되심을 제시한다. 1:9a의 이 땅에서의 시험에 대한 아들의 순

---

[60] 1:6과 2:5에 언급된 hē oikoumenē를 메시아에 의한 지상 통치로 번역하는 것은 George Wesley Buchanan, *To the Hebrews: Translation, Comment and Conclusions*, The Anchor Bible (Garden City, N. Y.: Doubleday, 1972), 17-18, 26-27, 64-65에 의해 옹호되었다. Otto Michel, *Theological Dictionary of the New Testament*, s.v. "hē oikoumenē," 5:159도 참조하라.

종을 통해 9b절의 기름 부으심과 동류보다 승하게 되심으로 이어진다. 이것은 그의 나라의 보좌와 공평한 홀에 관한 언급(8절)으로 보충된다.

그러나 연속된 인용문은 시편 110:1에서 정점에 이른다. 이 구절은 예수 그리스도에 대한 본서의 핵심적 관점을 보여준다. 본 시편에서 다윗은 그의 아들 솔로몬 왕에 대해 여호와께서 그를 부섭정자(vice-regent)로 지명하시고 그의 대적들을 굴복시켜 주실 것에 대해 약속하셨다고 말한다.[61] 그러나 하나님의 계속적인 구원 사역에 대한 계시라는 큰 관점에서 볼 때, 히브리서는 대부분의 다른 신약성경과 마찬가지로[62] 이 시의 내용에 대해 궁극적으로 예수님에 관한 전형적인 예언의 성취로 본다. 하나님께서 다윗과 같은 왕(Davidic King)을 높이시는 전형은 솔로몬의 경우에서 볼 수 있으나, 궁극적으로는 예수님을 통해 완전히 성취된다. 그는 하나님 우편에 승귀하셨으며, 이것은 은유적일 뿐만 아니라 그의 부활과 승천 후에 문자적으로 성취된 사건이다. 그는 다윗과 같은 왕이며 궁극적 의미에서 "주"(lord)이시다.[63] 시편 110편에 언급된 승귀하신 왕권에 관한 내용에는 왕-제사장(4절)으로서 제의적 역할이 포함된다는 사실에 대해서는 나중에 보다 자세히 제시된다(4:14; 5:5-6, 10; 7:1-3; 8:1; 10:12-13).

따라서 이 세 번째 단계의 아들 되심에서 히브리서는 예수님에 대해 다윗에 대한 약속을 성취하실 왕으로 묘사한다. 그러나 현재 그는 신적 계획이 의도했던 모든 왕적 위엄을 가지고 있는가, 아니면 다윗언약에 근거한 그의 통치가 단순히 미래적 사건으로만 남을 것인가? 히브리서의 대답은 이러한 구분 자체가 잘못된 이분법이라는 것이다. 히브리서의 보다 넓은 종말론적

---

61) Herbert W. Bateman IV, "Psalm 110:1 and the New Testament," *Biblictheca Sacra* 149 (1991): 438-53.
62) 마 22:44; 26:64; 막 12:36; 14:62; 16:19; 눅 20:42-43; 22:69; 행 2:34-35; 7:55-56; 롬 8:34; 고전 15:25; 엡 1:20; 골 3:1; 벧전 3:22; 계 3:21.
63) Cf. Darrell L. Bock, *Proclamation from Prophecy and Pattern: Lukan Old Testament Christology*, Journal for the Study of the New Testament, Supplement Series 12 (Sheffield: JSOT, 1987), 128-32.

구조와 같이,64) 아들의 왕적 통치는 "이미/아직"(already/not yet)의 구도 속에서 보아야 한다. 그는 부활, 승천 및 승귀를 통해65) 왕으로 지명되셨으며 (1:5) 그의 나라를 공의로 통치하기 위해 보좌에 앉으셨다(7절). 그는 하나님의 궁극적인 부섭정자로서, 왕적 위엄의 자리에 앉으셨다(13절). 만물은 그에게 복종하였다(2:8a-b). 그러나 이와 같이 왕으로서의 그의 현재적 역할에 대한 표현에도 불구하고, 같은 본문의 다른 구절들은 그의 통치가 절정에 이르게 될 미래적 관점에 대해 언급한다. 세상은 천사들에게 복종하는 것이 아니라 아들에게 복종할 것이라는 언급은 장차 올 세상에서이다(2:5). 왜냐하면 이미 예수님에게 이러한 성취가 시작되었음에도 불구하고, 우리는 아직 만물이 그에게 복종하는 것을 보지 못하기 때문이다(8b절). 1:6에서 왕의 장자로서 세상에 들어오시는 아들을 향한 천사의 경배는 미래적 사건으로 묘사된다.66) 1:13에서조차 시편 110:1의 내용은 왕으로 세움을 받는 내용과 장차 대적의 존재가 그의 통치에 굴복할 것이라는 내용이 동시에 제시된다 (히 10:12-13도 마찬가지이다). 따라서 히브리서는 예수님의 다윗 왕권에 대해 두 가지 영역으로 제시한다. 하나는 이미 시작되었으나 보이지 않는 현재적 영향력을 가진 통치이며, 또 하나는 아직 절정에는 이르지 않았으나 확실한 성취를 통해 이 땅에서 볼 수 있는 가시적 통치이다.67) 히브리서의 종말론에 대한 다른 자세한 내용은 나중에 자세히 다룰 것이다.

---

64) C. K. Barrett, "The Eschatology of the Epistle to the Hebrews," in *The Background of the New Testament and Its Eschatology,* ed. W. D. Davies and D. Daube (Cambridge: Cambridge Univ., 1956), 364.
65) 히브리서에서 부활은 13:20에, 그리고 승천은 4:14에 분리되어 언급된다. 그러나 이들은 예수님의 승귀에 대한 언급으로 보아야 한다. 이것이 히브리서의 일관된 초점이다. 본 서신은 첫 번째 두 단계에 대해 간략히 언급한 후 신속히 마지막 단계로 옮겨 간다.
66) 본 구절에 사용된 *hotan*과 부정과거 가정법은 미래적 사건에 대해 언급하는 것이 분명하다(cf. Westcott, *Epistle to the Hebrews,* 22). 그러나 어느 시점에서부터 미래인가? 기준시점은 서신을 기록한 때이다. 이에 대해 Hughes는 다르게 설명한다(*A Commentary on the Epistle to the Hebrews,* 58).
67) 예수님의 다윗 왕권에 관해 다룬 저서들 가운데 이와 유사한 내용에 대해서는 Erich Sauer, *The Triumph of the Crucified* (Exeter: Paternoster, 1951), 24-25, 45-46, 51-52, 152-53, and *From Eternity to Eternity* (Exeter: Paternoster, 1954), 185-94; and Darrell L. Bock, "The Reign of the Lord Christ," in *Dispensationalism, Israel and*

2) 대제사장으로서 예수 그리스도

대제사장으로서의 예수 그리스도는 히브리서의 가장 두드러진 주제이며 신학적 핵심이다. 앞에서 언급한 대로 아들 되심의 교리는 그리스도의 제사장직에 대한 교훈의 기초가 된다. 마찬가지로 구원관이나 그리스도인의 삶 및 구속사는 모두 그의 대제사장직에 관한 주제와 결정적으로 연결된다.

(1) 그리스도의 대제사장직 주제의 배경

유대교와 기독교의 다양한 개념들은 대제사장으로서의 예수님에 대한 히브리서 저자의 사상에 영향을 주었을 수도 있다. 그러나 그의 독특한 사상적 흐름에는 무엇보다 예수님의 죽음, 부활, 승귀하심 및 구약성경에 대한 그의 영감 있는 사색이 반영되었다.

예를 들어 구약성경에는 왕의 제사장적 기능에 대한 선례로, 백성들을 위한 기도와 제사를 찾아볼 수 있다(삼하 6:12-23; 24:21-25; 왕상 3:4; 8:22-53, 62-64; 12:32-33; 겔 45:17-46:17).[68] 그 후 중간기 유대교에서는 장차 메시아가 제사장의 역할을 할 것이라는 기대가 확산되었다. 이것은 한 메시아가 제사장과 왕의 기능을 할 것이라는 개념으로부터 두 메시아가 하나는 제사장, 또 하나는 왕의 역할을 할 것이라는 기대에 이르기까지, 주로 왕적 메시아보다 제사장적 메시아에 초점을 맞추어 다양하게 표출되었다.[69] 신약성경에는 예수님의 제사장적 역할에 대해 히브리서 외에는 언급되지 않는다. 그러나 예수께서 다른 사람들을 위한 희생이 될 것이라는 모티브(갈 2:20; 엡 5:2, 25; 벧전 2:24; 3:18)나 그의 중재(마 10:32; 롬 8:34; 요일 2:1-2) 및

---

the Church: The Search for Definition, ed. Craig A. Blaising and Darrell L. Bock (Grand Rapids: Zondervan, 1992), 37-67을 참조하라.

68) 시편의 증거에 대해서는 "The King as God's Chief Cultic Minister," in Eaton, Kingship and the Psalms, 172-77을 참조하라.

69) 이러한 개념이 발달된 순서는 분명하지 않으며, 중간기 유대교의 여러 공동체에 존재하던 것이 혼합된 것으로 보인다. 이 주제에 관해서는 Longenecker, Christology of Early Jewish Christianity, 113-19; James R. Schaefer, "The Relationship between Priestly and Servant Messianism in the Epistle to the Hebrews," Catholic Biblical Quarterly 30 (1968): 362-70을 참조하라.

중보(딤전 2:5), 그리고 성전과 제물에 대한 대치(마 12:6; 막 14:58; 요 2:19-21)에 관한 언급은 분명히 여러 곳에서 발견되며,70) 대부분은 제사장직이 자신의 사명에 속한다는 예수님 자신의 가르침에 근거한다.71) 그러나 히브리서에는 이러한 내용이 독특한 방식으로 제시된다.

이러한 선례가 주는 영향력을 최소화하지 않는다면, 히브리서의 제사장 기독론의 중요한 결정체는 시편 110편이라고 말할 수밖에 없을 것이다. 신약성경은 주로 시편 110:1을 기독론적 의미로 인용하지만(히브리서 외에 약 16번 등장하며 구약성경 가운데 가장 많이 인용된다), 히브리서는 110:1을 5번 인용한 외에 유독 110:4을 10번이나 인용한다.72) 히브리서 저자는 예수님의 생애와 죽음 및 부활에 대해 다루면서 시편 110:4(멜기세덱의 반차를 좇은 영원한 제사장)을 통해 110:1(하나님의 우편에 승귀하심)에 담긴 보다 깊은 의미를 깨달았다.73) 이러한 통찰력에 이어지는 신학적 함축은 놀랄만한 것이다. 예수께서 대속의 죽음 후에 영광으로 승귀하셔서 지금은 그곳에서 하나님과 함께 계신다는 사실이 그의 제사장적 사역에 주는 의미는 무엇인가? 아들이 인간의 반차가 아닌 영원한 생명과 하나님의 맹세를 따라 다른 반차를 좇은 제사장이 되었다는 사실이 옛 언약이나 제사장직에 주는 의미는 무엇인가? 그리스도인의 삶에 있어서 신자들이 이러한 대제사장을 가지고 있다는 것은 무엇을 의미하는가? 히브리서의 핵심적 주제는 이러한 성찰로부터 직접적으로 나온다. 히브리서 전체가 단순히 시편 110편에 대한 신학적 해석에 불과하다고 한다면 과장된 말이겠지만,74) 크게 틀린 말은 아니다.

---

70) 이들 주제에 대한 연구는 Olaf Moe, "Das Priestertum Christi im NT ausserhalb des Hebräerbriefs," *Theologische Literaturzeitung* 72 (1947): 335-38을 참조하라.
71) Cf. Montefiore, *Commentary on Hebrews*, 95-96.
72) 이 시에 대한 인용에 대해서는 David M. Hay, *Glory at the Right Hand: Psalm 110 in Early Christianity,* Society of Biblical Literature Monograph Series 18 (Nashville: Abingdon, 1973), 163-66을 참조하라.
73) "어떤 면에서 저자의 신학적 업적 전체는 신약성경 저자들 가운데 오직 그만이 시편 110(109[히])의 1절을 넘어 다른 본문에 대해서도 신학적으로 해석하였다는 사실에 있다... 4절을 1절과 연결시켜 기독론 및 구원론적 의미를 끌어내었다는 사실에 주목해야 한다"(Meier, "Structure and Theology in Heb. 1:1-14," 184 n. 55).

(2) 그리스도의 대제사장 자격

그리스도의 대제사장직과 그의 아들 되심 및 시편 110:4의 연결은 이 주제에 관한 히브리서 4:14-5:10의 첫 번째 의제이다. 우리의 연약함을 체휼하신 예수님의 대제사장직에 근거하여 굳게 서라는 호소(4:14-16)에 이어 저자는 아론의 대제사장직에 의한 두 개의 일반적 자질을 제시하며, 예수님이 이에 합당하시다는 사실을 보여준다(5:1-10). 두 가지 자질은 제사장이 그가 대신하여 제사하는 자들을 용납할 수 있어야 하며, 하나님께 속한 이 사역에 대한 하나님의 부르심이 있어야 한다는 것이다. 본문에는 인간과 동일하게 모든 시험을 받으시되 죄는 없으신 예수님의 연약함에 대한 체휼하심(4:15)과 자신도 연약에 싸인 죄인으로서 백성들과 같이 자기를 위해서도 제사 드려야 하는 제사장이 죄인을 용납할 수 있음(5:1-3)이 서로 대치(interchange)되어 있음을 볼 수 있다. 또한 구약성경의 제사장들은 스스로 제사장이 된 것이 아니라 하나님의 부르심을 받은 것(1, 4절)과 마찬가지로(5-6절), 예수님은 스스로 자기를 높이신 것이 아니라 시편 110:4에서와 같이 하나님의 부르심을 받았다: "너는 멜기세덱의 반차를 좇아 영원한 제사장이라." 아들 되심과 제사장직의 중요한 관계는 시편 2:7이 110:4과 중복되어 예수님의 제사장직 지명을 구체화하고 있다는 사실에서 볼 수 있다. 이것은 히브리서가 예수께서 그의 승귀한 지위를 통해 성취하셨다고 보는 왕-제사장의 이중적 역할을 강조한다.

히브리서 5:7-10은 지상의 아들이 걸어가신 값비싼 순종의 길에 초점을 맞추며, 이어서 그가 인간의 연약을 충분히 체휼하심으로 대제사장으로서의 합당한 자격을 갖추었다는 요지(4:15부터 시작된)의 내용으로 다시 돌아온다 (cf. 2:17-18). 5:9에서 예수님은 "온전하게" 되었으며, 그를 순종하는 모든 자들에게 영원한 구원의 근원이 되셨다. 앞에서 언급한 대로 예수께서 얻으신 이 "온전"은 그의 대제사장직 사역과 중요한 관계를 가진다. 본문은 그를 향한 하나님의 계획에 대한 무죄하신 순종과 인간의 시험과 고난에 대한 그의 완전한 경험과 그의 백성들을 위한 영원한 구원에 대한 성취에 초점을

---

74) Cf. Buchanan, *To the Hebrews*, xix.

맞춘다(5:8 및 2:10; 7:28). 대제사장으로서의 예수님에 대한 신임은 철저하게 제시된다. 이들 구절(5:7-10)은 예수님의 지상 싸움에 대한 분명한 묘사와 함께 저자의 대제사장에 대한 생각이 시편 110편 뿐 아니라 십자가가 하나님으로부터 받은 사명의 핵심이라는 예수님의 가르침과 이 사명에 대한 희생적 순종의 영향을 받았음을 보여주는 증거가 된다.[75]

(3) 멜기세덱의 제사장직과 레위의 반차

예수님의 대제사장직에 대한 자격론은 5:10에서 시편 110:4의 언급과 함께 끝난다: "하나님께 멜기세덱의 반차를 좇은 대제사장이라 칭하심을 받았느니라." 저자는 이 시점에서 독자들에게 이 구절의 의미를 설명해야 할 필요성과 함께 그들이 설명을 잘 알아듣거나 받아들이지 못할 것이라는 현실로 인해 착잡했다. 따라서 그는 6:20에서 "멜기세덱의 반차를 좇아 영원히 대제사장이 되어"라는 동일한 언급을 하기 전까지 5:11-6:20의 권면적 내용을 삽입하였다.

7장에서 저자는 다시 창세기 14장으로 돌아가 시편 110:4의 의미를 설명한다. 카이드(Caird)가 주장한 대로 히브리서 7:1-10의 멜기세덱에 관한 내용은 많은 사람들이 주장하듯이 공상적이거나 기괴하지 않다. 대신에 저자는 매우 건전한 해석학적 과정을 제시한다:

> 이 시편은 성전 제의가 레위 제사장들에게 맡겨졌을 때에 기록되었다. 그가 현재의 질서가 부족하다고 생각하지 않았다면 누가 이와 같이 새로운 질서의 제사직을 생각할 수 있다는 말인가?... 그는 우리에게 창세기 14장의 내용에 대해 필로(Philo)와 같이 공상적이거나 알레고리적 미드라쉬로 제시하지 않았으며, 다만 다음과 같은 매우 현실적인 질문에 대해 대답하고 싶었을 뿐이다: "시인에게 있어서 '멜기세덱의 반차를 좇는 영원한 제사장'이란 무슨 의미였는가?"[76]

---

75) Manson, *Epistle to the Hebrews*, 109-11, 121.
76) Carid, "Exegetical Method of the Epistle to the Hebrews," 48.

창세기 14:18-20이 이 질문에 어떻게 대답하는가에 대해 설명하면서 저자는 본문을 역사적 사실(필로가 *Legum allegoriae* 3.79-82에서 했던 것과 같이 단순한 알레고리적 수단이 아니라)로 다루었다. 더욱이 그는 창세기 14장을 통해 시편 110편의 저자가 다윗의 왕-제사장 역할의 모델로 삼았을 수도 있는 멜기세덱의 제사장 직분의 본질에 대해 신학적으로 고찰하였다. 히브리서 저자는 설명(히 7:1-10)을 통해 멜기세덱에 관해 세 가지 특징을 제시한다.

첫째로, 멜기세덱은 왕이자 제사장이었다. 저자는 창세기 14:18에서 멜기세덱에게 사용된 이 호칭을 인용함으로 이 점을 강조한다: "살렘 왕이요 지극히 높으신 하나님의 제사장이라"(히 7:1). 7:2에서 그는 멜기세덱이란 이름에 대해 "의의 왕"이라는 뜻으로 해석하고 살렘 왕이라는 지명에 대해 "평강의 왕"이라는 뜻으로 해석함으로 왕적 지위를 더욱 부각시킨다. 서구 사회의 사람들은 "우리가 장미를 어떤 이름으로 부르든, 향기는 사라지지 않는다"는 셰익스피어의 말을 믿는 경향이 있지만, 고대 사회에 있어서도 이와 같이 고유명사의 어원론적 중요성에 대한 관심은 사람이나 사물의 참된 본질을 파악하기 위한 방법으로 보편화 되어 있었다. 본문에서 한 사람에게 이와 같이 왕과 제사장의 지위가 결합되어 나타난 것은 저자가 독자들에게 예수님의 승귀하신 지위에 대해 동일한 관점을 가져주기를 바라는 마음에서이다. 5:5-6이 시편 2:7 및 110:4와 연계하여 제시하고 있는 대로, 그는 왕적 아들인 동시에 대제사장이시다.

둘째로, 저자는 창세기 14장에서 멜기세덱의 반차가 영원한 제사장이 될 것임을 보았다. 창세기의 본문은 멜기세덱의 족보에 대해 아무런 언급도 하지 않으며, 부모에 대한 언급이나 출생이나 죽음에 대해서도 아무런 언급을 하지 않는다. 따라서 놀랍게도 멜기세덱은 예수께서 지명을 받으신 영원한 제사장의 반차에 먼저 나타난 것이다: "하나님 아들과 방불하여 항상 제사장으로 있느니라." 수수께끼 같은 살렘왕은 쿰란 문서(11Q Melchizedek)가 그에 대해 천사적 존재라고 확실히 믿고 있었던 것과 달리 그런 존재가 아니다.[77] 또한 교부들이나 초기 현대학자들이 주장한 성육신 이전의 신적 현현도 아니다.[78] 멜기세덱을 아브라함과 중요한 관계에 있었던 고대 역사적 왕-제사장적 인물 이상으로 생각할 하등의 이유도 없다. 그러나 창세기 14장은 멜기세덱의 출생이나 죽음 또는 족보에 대해 어떤 언급도 하지 않는다. 이러한 침묵은 시편 110편의 관점에서 볼 때, 그리고 승귀하신 하나님의 아들의 현재적 지위에서 볼 때 어떠한 의미를 가지는가? 멜기세덱은 이 점에서 예수께서 현재 수행하시는 영원한 제사장직을 완벽하게 예시할 수 있는 인물이다.[79] 족보에 대한 언급이 없는 것은 특히 정당한 계보를 무엇보다 중시하는 레위의 반차와 대조하여 눈에 띄는 대목이다. 이것은 히브리서 7:13-16에 언급된 예수님에 관한 제사장직(육체적 계보가 아니라 무궁한 생명의 능력을 좇는)과 대조를 이룬다.

셋째로, 창세기 14장의 사건들은 멜기세덱의 반차가 레위계열의 제사장보다 우월함을 보여준다(7:4-10). 이것은 멜기세덱과 아브라함 사이에서 일어났던 두 가지 중요한 사건을 통해 드러난다. 멜기세덱은 아브라함으로부터 전리품의 십일조를 받았으며, 그에게 축복하였다. 이 두 가지 사건은 모두 고대 사회에서 자신이 상대보다 우월한 지위에 있음을 보여준다("이 사람의 어떻게 높은 것을 생각하라… 십분의 일을 저에게 주었느니라"[4절]). 이 주장을 보다 확대해서 보면, 조상이 후손을 위해 행한 행동으로 볼 수 있다.

---

77) 천사적 관점에 대해서는 M. de Jonge and A.S. Van der Woude, "11Q Melchizedek and the New Testament," *New Testament Studies* 12 (1965-66): 301-26; and Richard N. Longenecker, "The Melchizedek Argument of Hebrews: A Study in the Development and Circumstantial Expression of New Testament Thought," in *Unity and Diversity in New Testament Theology : Essays in Honor of George E. Ladd*, ed. Robert A. Guelich (Grand Rapids: Eerdmans, 1978), 161-85을 참조하라. Horton은 이와 같은 천사적 관점에 대해 반대한다(F. L. Horton, *The Melchizedek Tradition: A Critical Examination of the Sources to the Fifth Century A.D. and the Epistle to the Hebrews*, Society for New Testament Studies Monograph Series 30 [Cambridge: Cambridge Univ., 1976], 164).
78) Bruce, *Epistle to the Hebrews*, 137, and Attridge, *Epistle to the Hebrerws*, 195에는 몇 가지 예가 제시된다.
79) Cf. Vos, *Teaching of Hebrews*, 105-7.

따라서 레위도 아브라함으로 말미암아 멜기세덱을 섬겼다고 할 수 있다. 이러한 우월성은 광범위한 파생효과를 가진다. 5절에서 제시한 대로 율법 자체는 레위의 반차와 직결되어 있다. 이것으로 인한 신학적 파장은 11-28절에서 다루어진다.

시편 110:4의 의미를 창세기 14:18-20에 대한 주석을 통해 전개한 후, 저자는 멜기세덱의 반차를 좇은 제사장으로서 예수님의 사역에 대한 신학적 의미를 제시한다(7:11-28). 이들은 본문을 전후하여 다른 부분에서 전개되었기 때문에 즉시 언급할 수 있다. 첫 번째 신학적 함축은 시편 110:4에 언급된 또 하나의 제사장직이 레위의 제사장직으로부터 하나님의 계획이 변경된 것뿐만 아니라 그것을 떠받치고 있는 율법 자체로부터의 변화를 포함한다는 것이다(히 7:11-14). 모세의 규례는 제사장 직무의 계보적 승계에 초점을 맞춘다. 그러나 이것은 유다의 후손인 예수께서 제사장이 되셨기 때문에 더 이상 효력을 갖지 않는다. 둘째로, 계보적 승계가 아닌, 예수 그리스도의 부활하신 생명에 근거한 제사장직이 더 낫고, 영원히 효과적인 사역이며, 하나님께 가까이 나아가게 한다(15-19절). 셋째로, 예수님을 멜기세덱의 반차를 좇는 제사장으로 임명하신 하나님의 맹세(시 110:4)는 이전 제사장직에 비해 그의 제사장직의 우월성과 계속성을 보장한다(히 7:20-22). 넷째로, 옛 언약 하에서 제사장의 죽음을 통해 세대 간에 이어지던 제사장직의 계승은 더 이상 필요치 않게 되었다는 것이다. 예수님은 자신의 사역을 영원한 생명에 의해 영원히 계속하실 것이기 때문이다(23-25절). 따라서 25절은 "자기를 힘입어 하나님께 나아가는 자들을 온전히 구원하실 수 있으니 이는 그가 항상 살아서 저희를 위하여 간구하심이니라"고 결론 내린다. 다섯째, 26-28절은 예수님의 제사장직의 우월성에 대해 그의 무죄하심, 영원한 제물로 자기를 단번에 드리심, 율법을 능가하는 그의 제사장직의 권위 및 "영원히 온전케 되신 아들"에 대한 하나님의 맹세 등에 의해 제시한다. 하나님의 섭리적 계획에 있어서 구속사적 변화와 관련된 보다 상세한 내용은 히브리서 8장에서 전개된다. 이들에 대해서는 "옛 것에서 새 것으로"에서 살펴볼 것이다.

(4) 속죄일과 그리스도의 희생

본 서신의 저자는 8:1에서 잠시 멈추어 지금까지 전개해온 일련의 놀라운 흐름에 대해 강조한다. "이제 하는 말의 중요한 것은 이러한 대제사장이 우리에게 있는 것이라 그가 하늘에서 위엄의 보좌 우편에 앉으셨으니." 그리스도께서 승귀하신 지위에서 행하시는 사역에 대해 설명하며, 저자는 하늘에서 활동하시는 그리스도께서 제시하는 참 구원과 하늘에 있는 것의 그림자인 이 땅에서의 제사 사이의 차이점에 초점을 맞춘다(8:2-5). 이러한 대조는 8:6-13에서도 확실히 제시되지 않는다. 본문은 그리스도의 역할에 대해 새 언약의 시작이라는 차원에서 설명한다. 그러나 9:1-10:18에서 저자는 다시 지상과 하늘의 성소를 대조하며, 대제사장으로서 그리스도의 사역의 의미에 대해 제시한다. 사실 저자는 앞서의 질문(시 110:1, 4에 관한)에 대답하고 있다. 즉, "그리스도는 현재의 승귀하신 지위에 오르시기 위해 어떠한 제사장적 사역을 성취하셨는가?"와 "그는 지금 하늘에서 어떠한 제사장적 사역을 수행하고 계신가?"라는 것이다. 그는 구약성경에 제시된 속죄일(레 16장)에 대제사장이 행하는 역할을 그리스도께서 우리의 영원한 구속을 성취하시기 위해 좇는 전형으로 제시함으로써 이들 질문에 대해 대답한다.

저자는 먼저 두 개의 방으로 이루어진 지상 장막의 배열과 기물들에 대해 언급한다(히 9:1-5). 그는 이어서 두 번째 방(성소)에서 제사장이 매일 드리는 제사와 일년에 한 번씩 대제사장만이 자신과 백성들을 위한 희생제물의 피를 가지고 안쪽 방(지성소)에 들어가서 드리는 제사에 대해 언급한다. 이것은 성령의 지시로서, 지상의 장막이 불완전함으로 현재와 같은 그리스도 안에서의 완전한 성취를 예시한 것이라고 저자는 말한다(6-10절).

그러나 속죄일의 규례는 11-14절에서 제시하듯이 그리스도의 대제사장적 사역의 의미를 깨달을 수 있는 하나의 전형을 제공한다. 대제사장으로서 그리스도 역시 하늘성소에 들어가셨다. 그러나 그는 반복하지 않고 단번에 들어가셨으며, 재물의 피로 하지 않고 자신의 피로 하셨다. 의식을 통해 육체가 정결케 되었듯이 더욱 그리스도의 희생은 양심을 깨끗케 하고 새 언약의 약속에 대한 성취로서 죄를 완전히 용서해 주신다(cf. 8:12; 10:18). 그리스도의 사역과 구약 대제사장의 사역의 대조(11-14절)는 독자들에게 그리스도의 제사장 사역의 완전한 의미에 대해 제시해 준다. 이어지는 본문 여러 곳에서 네 가지의 대조가 제시된다(9:15-10:18).

첫 번째 대조는 대제사장으로서 그리스도가 창조에 속한 성소가 아닌 하늘의 성소에 들어가셔서 하나님 앞에 나타나셨다는 것이다(9:11, 23-24). 따라서 그림자가 아닌 실체로서 하나님께 나아가는 것이 완전케 되었으며(10:1-2), 그리스도는 하나님 앞에 나아가는 길을 완전히 열어놓으셨다. 다른 본문에 언급(4:16; 10:19-25)된 것처럼, 그리스도인들은 대제사장이신 그리스도의 사역의 결과로 언제든지 하나님께 믿음으로 나아가 그의 긍휼을 구할 수 있게 되었다.

두 번째 대조는 그리스도의 대제사장 사역의 효과에 대해 언급한다. 그의 희생과 하늘 성소에 들어가심은 반복적이 아니라 단번에 일어났다는 것이다.[80] 구약성경 대제사장은 자신의 일을 매년 반복한다. 그것이 결코 죄를 효과적으로 처리할 수 없기 때문이다(9:25; 10:1-2, 11). 반면에 그리스도는 하나님의 계획안에서 죄를 속하기 위한 완전한 제물로서 자신을 단번에 주심으로 영원한 구속을 성취하시고 완전한 죄사함을 주셨다(9:12; 9:26-28; 10:12-14). 이러한 효과를 강조하는 또 하나의 방식은 제사장의 자세와 관련된 대조이다(10:11-12). 구약성경 제사장은 제사하는 동안 계속해서 서 있어야 한다. 그러나 그리스도는 하나님의 우편에 앉으실 수 있다. 그의 제사는 완전하기 때문이다. 효과에 관한 대조는 그리스도의 제사가 계속되는 사역이 아

---

80) 헬라어 단어 *hapax*와 *ephapax*는 히브리서에서 그리스도의 사역과 관련하여 여섯 번이나 사용되었다(7:27; 9:12, 26, 28; 10:2, 10); *mian*과 *miāi*는 10:12, 14절에 사용되어 그의 제사가 단번이었음을 강조한다. 이러한 차이를 확실히 뒷받침하기 위한 헬라어 시제에 대한 대조가 있다. 즉, *prospherō*의 현재형은 구약성경 제사와 관련하여 9번 사용되었으나(그리스도에 대해 한번 사용되었으나 부정적 의미로 사용되었다), 반면에 그리스도께서 자신을 단번에 주심에 관해 언급한 본문에는 부정과거형으로 네 번 사용되었다.

니라 십자가에 초점을 맞춘 것임을 보여준다.81) 히브리서 9:12은 그리스도께서 하늘 성소에 드리기 위해 그의 피를 가지고 하늘에 들어가신 것으로 오해해서는 안 된다.82) 12절에 사용된 헬라어 전치사 *dia*는 "~을 가지고"라는 뜻이 아니라 수단이나 도구(~에 의해, ~을 통하여)의 의미를 가지고 있는 것이 분명하다. 대제사장으로서 그리스도의 제사는 완전한 제물에 의해 단번에 성취되셨으며 "다시 죄를 위하여 제사드릴 것이" 없다(10:18).

세 번째 대조는 그리스도의 제물의 본질에 대해 초점을 맞춘다. 그는 동물의 피로 성소에 들어가신 것이 아니라 자신의 피로 들어 가셨다. 그는 하나님의 뜻에 따라 자신을 십자가에서 드리셨기 때문이다(9:12-13, 25-28; 10:5-10). 옛 언약의 제사의식에는 죄 사함을 위해 반드시 제물의 피가 있어야 했다(9:18-22). 피 흘림은 언약을 시행하고 성소와 기물을 성결케 하는데 필요했다. 9:22은 "율법을 좇아 거의 모든 물건이 피로써 정결케 되나니 피 흘림이 없은즉 사함이 없느니라"고 말한다. 이것은 그리스도의 진정한 속죄 제물에 대한 하나의 상징이었다. 본문에서 그가 자신을 제물로 드렸다는 것은 초기 기독교에서 일반적으로 인식되었던 것처럼 그의 자발적이고 대속적인 희생으로 해석되어야 한다.

그리스도의 희생의 자발적 본질은 자신의 피(또는 자신)를 제물로 드렸다는 거듭된 언급에 의해 분명해 진다(12, 14, 25, 26절). 이것은 자발적인 제물이 아닌 황소나 염소와의 대조를 통해서도 강조된다(12절; 10:4). 더구나

---

81) Wilfred Stott, "The Concept of 'Offering' in the Epistle to the Hebrews," *New Testament Studies* 9 (1962-63): 62-67; Philip Edgcumbe Hughes, "The Blood of Jesus and His Heavenly Priesthood in Hebrews, Part II: The High Priestly Sacrifice of Christ," *Bibliotheca Sacra* 130 (1973): 195-212.
82) 이것은 Walter Edward Brooks, "The Perpetuity of Christ's Sacrifice in the Epistle to the Hebrews," *Journal of Biblical Literature* 89 (1970): 205-14의 관점이다. 그러나 이것은 히브리서를 잘못 해석한 것이다. 구약성경 제사장이 피를 지성소에 뿌린 것에 대한 유추(cf. 히 9:7)는 그리스도의 사역에는 적용되지 않는다. 히브리서의 어느 곳도 그리스도가 자신의 피를 가지고 하늘로 올라 가셨다거나 하늘에서 "드렸다"고 말하지 않는다. 강조점은 완전히 다르다.

히브리서 10:5-10에 인용된 시편 40편은 그리스도께서 자신의 "몸을 단번에 드리심"이 하나님의 뜻을 좇은 그리스도의 헌신이라는 사실을 강조한다 (10:10).83) "피"를 드렸다는 말의 정확한 의미에 대해서는 많은 논쟁이 되고 있다. 어떤 사람들은 피가 희생제물의 생명을 의미한다고 주장한다. 따라서 그리스도의 경우 그가 드린 제물은 자신의 생명이었으며, 이 생명은 다른 사람들에게 효력이 있다는 것이다.84) 이것은 맞는 말이기는 하지만 충분하지는 못하다. 다른 사람들은 본문에 언급된 "피"가 폭력에 의한 희생적 죽음이나 죽음을 통해 드려진 생명에 초점이 있다고 말한다.85) 히브리서에는 확실히 이런 의미가 있으며, 여기서 그리스도의 피는 그의 고난이나 죽음과 연계된다(cf. 2:14; 9:13-16, 10:19-20, 13:12).

그리스도의 희생의 대속적 본질은 9:15-10:18의 여러 군데에서 드러난다 (2:9, 7:27도 마찬가지이다). 하나는 그의 죽음과 구약성경의 희생제도와의 상징적 관계에 대한 언급이다(9:18-22; 10:1). 구약성경 제의에서 죄에 대한 용서는 죄 없는 제물의 죽음과 관련된다.86) 그러나 상징의 성취에 있어서 그리스도는 다른 사람들의 죄사함을 위해 "흠 없는 자기를 하나님께 드린" 점에서 제사장과 제물의 역할을 하신다(9:14, 25-27; 10:10). 그리스도의 죽음이 대속적임을 보여주는 두 번째 방식은 9:15-18에 언급된 언약에 대한 설명이다. 저자는 "언약"(*diathēkē*, 유언, 또는 약속의 의미도 있다)이라는 용어와 관련된 곁말놀이를 통해 죽어가는 자의 모습을 환기시킴으로 다른 사람들이 유익을 얻게 됨을 보여준다. 유언은 유언한 자가 죽어야 효력이 있다.

---

83) 앞에서 예수님의 성육신에 관해 다룬 부분을 참조하라.
84) Westcott, *Epistle to the Hebrews*, 294; William Milligan, *The Resurrection of Our Lord* (London: Macmillan, 1881), 263-78; Vincent Taylor, *The Atonement in New Testament Teaching*, 2d ed. (London: Epworth, 1945), 121-23, 198.
85) Leon Morris, *The Apostolic Preaching of the Cross*, 3d ed. (London: Tyndale, 1965), 112-28; Johannes Behm, *Theological Dictionary of the New Testament*, s.v. "*haima*," 1:173-74; A. M. Stibbs, *The Meaning of the Word "Blood" in Scripture* (London: Tyndale, 1954); and Philip Edgcumbe Hughes, "The Blood of Jesus and His Heavenly Priesthood in Hebrews, Part I: The Significance of the Blood of Jesus," *Bibliotheca Sacra* 130 (1973): 107-9.
86) Cf. Morris, *Apostolic Preaching of the Cross*, 160-78.

그러나 이 경우 그의 죽음이 더욱 필요한 것은 그들에게 주어질 유익에 징벌 받아 마땅한 자들에 대한 완전한 죄사함이 포함되어 있기 때문이다(cf. 렘 31:3;4, 히 8:12 및 10:17-18에 인용).[87] 그러나 가장 중요한 것은 히브리서 9:15-18이 그리스도의 죽음을 이사야 53:3-12의 고난 받는 종의 모습으로 제시한다는 것이다. 이사야 본문의 내용은 죄 없는 자가 스스로 죄인의 죄를 짊어지고 그들을 위해 고난 받으신다는 내용이다(히 9:14, 26-28).[88]

네 번째 대조는 그리스도의 대제사장 사역의 결과 또는 영향에 관한 것이다. 그것은 외형적, 의식적 방식에 의해서가 아니라, 양심을 깨끗케 하고 새 언약이 약속한 완전하고 영원한 죄사함을 제공함으로 거룩하게 한다(9:13-14, 15-22; 10:1-4, 14-18). 실제로 그리스도의 사역의 결과는 다양한 용어로 묘사되며, 그 결과에 대해 마치 보름달과 같이 완전한 모습을 제공한다. 히브리서의 본문은 이것을 영원한 구속(9:12), 양심을 깨끗케 함(13-14절; cf. 10:2), 죄를 없이 함(9:26), 제사하는 자를 온전케 함(10:1, 14), 거룩(10, 14절) 및 죄사함과 율법의 완성(18절) 등으로 언급한다. 그러나 9-10장의 본문에서 저자는 완전한 죄사함에 대한 새 언약의 약속을 거듭 상기시킴으로 이와 같이 다양한 요소들을 하나로 결속시키고 있다. 물론 9장의 가장 큰 구조는 그리스도의 사역과 구약의 속죄일 규례와의 비교이며, 본문이 확실히 주장하는 것은 그리스도가 죄에 대한 옛 언약의 섭리를 능가한다는 것이다. 이러한 점은 이 비교의 시작(8:6, 12)과 중간(9:15), 그리고 끝(10:15-18)부분에서 영원한 죄사함에 대한 새 언약의 약속을 반복함으로 보다 분명히 제시된다. 대제사장의 중보적 기능(cf. 5:1)은 그리스도께서 이 사역을 통해 새 언약의 보증(7:22), 또는 중보(8:6, 9:15, 12:24; 히브리서는 언제나 그리스도의 중보적 사역과 새 언약을 연결한다)가 되셨다는 점에서 그리스도에 의해 성취되었다. 이와 같이 그의 제사장 사역은 본 서신의 서두에 언급한 대로(1:3) 그리스도를 통한 하나님의 구속사적 변화와 긴밀하게 연결된다.

---

87) Ibid., 107-11.
88) Schaefer, "Relationship between Priestly and Servant Messianism," 377-81.

(5) 그리스도의 하늘에서의 사역

지금부터 다루려는 그리스도의 대제사장 사역의 마지막 영역은 하늘에서의 현재적 사역이다. 이것은 다양한 방식으로 다른 제사장 사역의 특징들과 연결된다. 또한 이것은 시편 110편에 대한 신학적 반영으로부터 직접 기인된다. 지상의 모든 시험을 경험하신 후 하나님 우편에 앉아계신(시 110:1), 승귀하신 예수님의 현재적 역할은 무엇인가? 그의 희생적 죽음 후에 새로운 반차를 좇은 영원한 제사장으로서 하나님과 함께 계신다는 것은 무슨 의미인가(시 110:4)?

히브리서는 신자들을 위한 예수님의 현재적 사역에 대해 2:14-18 및 4:14-16부터 다루기 시작하며, 본문에는 그의 대제사장 사역이 처음으로 언급된다. 본문에는 자비하고 긍휼이 많은 대제사장으로서 특징이 그가 완전한 인간이 되셨다는 사실과 연계하여 강조된다. 그의 성육신, 시험 및 고난으로 인해 그는 연약한 자들을 도우실 수 있다. 따라서 현재 고난당하고 있는 신자들은 담대하게 은혜의 보좌 앞으로 나아가 자비와 은혜를 구해야 한다. 그러나 대제사장의 직무는 죄인들을 긍휼히 여기는 마음뿐만 아니라 하나님의 칭함을 받아야 하며(5:1-10), 이것이 앞에서 대제사장으로서 예수님에 대한 배경으로서 시편 110편이 제공하고 있는 통찰력이다.

하나님의 뜻을 죽기까지 순종하신 예수님은 하나님에 의해 새로운 제사장 반열의 영원한 제사장으로 칭하심을 받았다(5:8-10). 따라서 그는 멜기세덱과 같은 대제사장으로서 신자들을 위해 하나님이 계신 지성소로 들어가셨다(6:19-20). 옛 제사장과는 대조적으로 이 새로운 반차는 영원성을 가지며(7:3), 예수님은 무궁한 생명의 능력에 근거한 제사장이 되셨다(16-17절). 이것은 분명히 하나님의 아들로서 예수님의 영원한 본질에 대한 언급으로서 그의 부활로 말미암아 확인되었다. 그는 무궁한 제사장으로서 영원히 계시기 때문에 백성들을 온전히 구원하실 수 있다(24-25a절). 7장의 바로 이 부분에서 예수님의 현재적 사역과 관련된 중요한 특징이 제시된다. 즉 그는 항상 자기 백성들을 위하여 간구하신다는 것이다(25b절).

본 구절은 대제사장으로서 예수님의 간구에 대해 분명히 제시하지 않는다. 그러나 이것은 그의 승귀하신 지위(우리를 위한 완전한 제물로 자신을 단번에 드리신 후 성부의 우편에 앉으심)에 근거한 것으로 그가 인간의 필요를 아신다(그는 인간을 완전히 경험하셨으므로)는 사실과 연결된다.[89] 히브리서 9:24은 예수님의 간구에 대한 내용을 보충한다: "참 하늘에 들어가사 이제 우리를 위하여 하나님 앞에 나타나시고." 그가 하나님 앞에 나타나신 것은 그가 성취하시고 하나님께서 인정하신 희생의 사역을 항상 상기시킨다.[90] 예수님이 하나님과 함께 계신다는 것은 우리가 어떠한 어려움을 만나더라도 그의 은혜와 긍휼이 우리에게 있을 것이라는 보장을 준다.

따라서 히브리서의 이러한 개념은 로마서 8:31-39과 유사한 것으로 보인다(신약성경에서 "간구하다"라는 동사는 로마서 8:27, 34 및 히브리서 7:25에만 나타난다). 두 본문의 공통점은 다음과 같다: (1) 그리스도의 죽음은 결국 하나님의 사랑으로 제시된다. (2) 신자들은 하나님께서 그들의 필요를 언제든지 채워주실 수 있다고 확신한다. (3) 아무도 그들을 정죄하지 못한다. 그리스도께서 하나님의 우편에 계시며 그들을 위해 간구하시기 때문이다. (4) 그러므로 그들은 어떠한 시험이나 환경이 오더라도 그리스도 안에 있는 하나님의 사랑으로부터 떼어놓을 수 없다는 사실을 확신한다.

이러한 사상적 흐름에는 물론 성자가 성부를 설득하여 백성들에게 은혜를 베풀게 한다는 개념은 없다. 그가 십자가에 달리신 것은 하나님의 은혜였으며(히 2:9), 하나님과 함께 계심은 하나님이 신자들을 완전히 인정하시며, 어떠한 환경에 있더라도 장래에 대한 확신을 가질 수 있다는 것을 보여준다.[91]

---

89) Cf. Cullmann, *Christology of the New Testament*, 102-3.
90) Leon Morris, "The Cross in the Epistle to the Hebrews," in *The Cross in the New Testament* (Grand Rapids: Eerdmans, n. d.), 284; Westcott, *Epistle to the Hebrews*, 230.
91) Cf. Philip Edgcumbe Hughes, "The Blood of Jesus and His Heavenly Priesthood in Hebrews, Part III: The Present Work of Christ in Heaven," *Bibliotheca Sacra* 131 (1974): 32-33.

2. 옛 것에서 새 것으로

히브리서 신학의 가장 두드러진 주제 가운데 하나는 하나님께서 인류를 다루시는 방식이 새로운 방식으로 바뀌셨다는 것이다. 하나님의 계획에 따라 그리스도 안에서 구속사의 결정적인 변화가 일어났다. 잠정적이고 불완전했던 방식은 하나님의 아들 안에서 최종적이고 완전한 구원으로 대체되었다. 이것은 이미 구약성경이 예언해 오던 변화이다. 이러한 히브리서의 초점은 예수님이 구약성경이 제공하는 것보다 더 "낫다"는 것을 보여주는 과정에 초점을 맞춤으로 추적할 수 있다. 그러나 이 주제는 히브리서에 훨씬 광범위하게 퍼져 있으며 일부는 본 장에서 다루게 된다.

1) 그림자에서 실체로

히브리서의 가장 핵심적 사상은 구약성경이 예수 그리스도에 의해 이미 시작된 결정적인 성취의 시대에 대해 예언하였다는 것이다. 히브리서는 이 점에 대해 세 가지의 흐름으로 제시한다.

(1) 하나님의 마지막 계시로서의 아들

히브리서는 처음부터 이 주제에 관해 언급한다. 1:1-4은 하나님의 계시에 있어서의 결정적인 변화에 대해 다룬다. 하나님은 옛적에 선지자를 통해 여러 가지 방식으로 선지자를 통해 말씀하셨으나, 이제 그의 아들 안에서(1-2a절), 특히 성육신, 생애, 희생적 죽음, 부활 및 아버지의 본체를 공유하심을 통해 완전하고 유일하게 말씀하셨다(2b-4절). 많은 신자들이 더 이상 주목할 것이 없다는 사고에 젖어있지만 이것은 중요한 언급이다. 그 중에 한 가지는 하나님의 계시가 점진적이라는 사실이다. 선지자의 말은 효력은 있으나 하나님의 최종적인 메시지는 아니다. 하나님은 그의 아들 안에서 자신의 목적과 성품에 대해 구약성경 이상의 것을 계시하셨다. 그러나 본서의 저자는 이러한 계시 속에 담긴 하나의 중요한 원리, 즉 그때나 지금이나 그의 영원한 계획을 말씀하시는 분은 동일한 하나님이시라는 연속성의 원리이다. 이것은 히브리서의 전형적인 내용이다. 즉 하나님의 구원에 관한 새로운 단계가 계시되었으나, 이것은 이전에 계시된 내용에 의해 이미 준비되고 예언된 것이다. 중요한 것은 오늘 이 시대를 지칭하는 "마지막 날에"라는 구절이다. 이 표현은 구약성경의 예언을 상기시킨다. 그러나 본문의 초점은 그리스도 안에서 예언의 성취가 시작되었다는 것이다.[92] 이전에 말씀하신 것은 모두 아들 안에서 계시될 궁극적 "목적"을 지향한다.

(2) 옛 언약에 대한 기독교의 우월성

히브리서의 놀라운 특징은 성자께서 구약성경의 다양한 국면보다 뛰어나시다는 주장을 반복하고 있다는 것이다. "더 낫다"(better)라는 말은 히브리서에서 열 세 번이나 언급된다.[93] 다른 본문에는 동일한 비유에 대해 다른 표현으로 사용하기도 한다(2:2-4; 3:3-6; 5:4-10; 10:27-28; 12:25).[94] 옛 질서에 대한 아들의 우월성은 독자들에게 어떠한 어려움이 있더라도 그리스도에 대한 신앙 고백에 굳게 서라는 호소의 뼈대가 된다.

저자는 기독교의 우월성이 당시의 유대교나 구약성경에 대한 초기의 왜곡된 시각에 대해서만 적용된다고 주장하지 않는다. 이러한 비교는 언제나 하나님에 의해 제시된 모세의 질서 자체에 초점을 맞춘다. 더구나 이것은 부차적인 내용이 아니라 소망, 언약, 사역, 약속 및 죄를 위한 제사 등 핵심적인 종교 생활에 관한 것이다.[95]

---

92) 70인역은 이 구절을 *ep' eschatou(-ōn) tōn hemerōn*으로 번역한다. 창세기 49:1; 민수기 24:14; 여호수아 24:27; 예레미야 23:20; 30:24; 49:39; 에스겔 38:16; 다니엘 2:28; 10:14; 호세아 3:5; 미가 4:1; 그리고 유사한 표현으로는 신명기 4:30; 31:29; 32:20; 이사야 2:2; 등을 참조하라. 히브리서는 *toutōn*이라는 지시사를 더하여 현재에 초점을 맞춘다. 이 구절이 "시작된 종말론을 함축한다"는 Bruce의 주장(*Epistle to the Hebrews*, 3)은 옳다. 이에 대해서는 종말론 부분에서 다룬다..
93) Cf. 히브리서 1:4; 7:7, 19, 22; 8:6(두 번); 9:23; 10:34; 11:16, 35, 40; 12:24에는 *kreittōn*으로, 6:9에는 *kreissōn*으로 언급되어 있다.
94) William L. Lane, *Hebres 1-8*, Word Biblical Commentary (Dallas: Word, 1991), cxxix.
95) Ibid., cxxix; and W. Klassen, "To the Hebrews or against the Hebrews? Anti-Judaism and the Epistle to the Hebrews," in *Anti-Judaism in Early Christianity*, ed. S. G. Wilson (Waterloo, Ont.: Wilfred Laurier Univ., 1986), 7.

그리고 이 주장을 함에 있어서 놀랍게도 저자는 구약성경을 인용하여 하나님의 계시임을 입증함으로 그것이 예수 그리스도 안에서 성취되었음을 보여준다. 요점은 하나님께서 아들을 통하여 더 좋은 것을 제시하셨으며 그것은 옛 질서에 제시되어 있다는 것이다. 하나님의 계획에 따라 새 것이 옛 것을 대체한 것이다.

(3) 옛 질서의 불충분성에 대한 자기 고백[96]

세 번째 흐름은 두 언약의 관계에 대한 히브리서의 주장이다. 이 주제는 수년 전 카이드(Caird)에 의해 다루어졌으며 그는 이것을 "본 서신의 주 논쟁"이라고 부른다.[97] 그는 구약성경이 유효하지만, "결과에 대한 예언"을 보여주기 위해 인용되었다고 말한다.[98]

> 옛 언약에 대한 새 언약의 우월성이나 옛 질서의 불충분성을 제시하려는 것이 저자의 목적이 아니다. 그의 관심은 옛 질서의 불충분성에 대한 자기 고백이다... 그의 주장은 네 가지로 나뉜다. 각 부분에는 구약의 종교 제도의 불충분성과 상징적이고 잠재적인 본질에 대해 언급한 구약성경 본문이 제시되어 있다. 다른 인용문은 모두 이 네 가지 본문(시 8, 95, 110편 및 렘 31장)에 수반된 부수적인 내용으로서 본문의 핵심이 벗어나지 않도록 보완하는 역할을 한다.[99]

하나님은 옛 질서와 새 질서를 통해 구원 사역을 진행하신다는 증거는 바로 이것이다. 즉 그리스도를 통해 말씀하시는 하나님은 곧 구약성경을 통해 그것의 성취를 예언하신 하나님이시라는 것이다. 카이드는 이렇게 주장한다. "구약성경은 그리스도만이 성취하실 수 있는 것들, 오직 그만이 대답하실 수 있는 질문에 대해 소망하게 한다... 그것은 [저자로 하여금] 그리스도를 하나님의 점진적 역사의 목적으로 제시한다."[100] 구약성경은 그리스도 안에서 시작된 성취의 시대를 미리 보여준다.

---

96) 본 구절은 Caird, "Exegetical Method of Hebrews," 47에서 인용하였다.
97) Ibid.
98) Ibid., 46.
99) Ibid., 47.

2) 새 언약

하나님의 계획에서 옛 것에서 새 것으로 변화된 내용 가운데 두 번째 초점은 새 언약이다. 이 주제는 그리스도의 제사장직 및 제물과 다양하게 연결되나, 여기서는 구속사와의 연결에 대해 다룬다.

(1) 새 언약의 필요성과 그것의 우월성

앞에서 살펴본 대로 히브리서는 구약성경의 자체의 잠정적 성격에 대해 언급한 본문을 인용한다. 이것은 히브리서가 옛 언약을 대치할 수 있는 더 좋은 약속을 가진 새 언약의 필요성에 대해 언급하고 있는 본문에서 나타난다.

옛 언약의 잠정적 성격은 히브리서 7장에 언급된 멜기세덱의 반차를 좇은 그리스도에 대한 말씀에서 처음으로 나타난다. 11절은 만일 레위 계열의 제사장직(특별히 율법과 관련된)이 적절하다면 왜 하나님은 시편 110:4에서 다른 반차를 좇는 한 제사장이 일어날 것이라고 말씀했겠는가라고 묻는다. 본 장은 계속해서 이러한 제사장직의 변화에는 옛 질서와 관련된 율법과 언약으로부터의 변화도 포함된다고 주장한다. 제사장직과 "언약"의 관계는 7:22에서 분명히 제시된다. "이와 같이(시 110:4[이 맹세로]) 예수는 더 좋은 언약의 보증이 되셨느니라." 이러한 논증과 관련된 내용은 옛 질서의 "연약과 무익" 및 그것의 일시적 성격(18, 23절)과 더 좋은 소망, 더 좋은 언약 및 예수님의 영원한 섭리(19-22절) 사이의 대조이다.

8장에는 같은 맥락의 논증이 반복되며 새 언약에 대한 예레미야의 예언과 연결된다. 예수님이 중보하신 언약이 더 좋으며, 또한 더 좋은 약속에 근거하듯이, 대제사장으로서 예수님의 사역은 옛 질서에 속한 제사장보다 우월하다(8:6). 7절은 7:11의 주장을 다시 한번 반복하며 이 언급을 뒷받침한다(cf. 헬라어 원인 접속사 *gar*)[101]: "저 첫 언약이 무흠하였더면 둘째 것을 요

---

100) Ibid., 51. Goppelt, *Theology of the New Testament*, 2:245-47도 같은 주장을 한다.
101) 두 본문 모두 사실과 반대되는 조건절을 통해 옛 질서의 부적절함에 대해 주장한다.
    Attridge, *Epistle to the Hebrews*, 226-27; Lane, Hebrews 1-8, 208.

구할 일이 없었으려니와." 그러나 8:7은 히브리서 저자가 예레미야의 예언 자체로부터 얻은 해석학적 통찰력을 보여주며, 8:13에는 이러한 사상이 더욱 발전되어 있다. 히브리서 8:7은 하나님의 두 번째 언약이 첫 번째 언약의 불충분성에 대해 암시하고 있음을 강조한다. 이것은 예레미야 31:31의 내용에 대한 저자의 관심으로부터 온다. 예레미야를 통한 새 언약의 약속은 옛 것을 대치하고 첫 번째 언약을 쇠하게 하시려는 하나님의 뜻을 보여준다(히 8:13).[102] 이것은 예레미야가 단순히 새로운 언약을 약속한 것이 아니라 옛 것을 대치하는 제 2의 새로운 언약을 약속한 것이 분명하다. 이와 같이 새 언약은 옛 것과 불연속적이며, 보다 좋은 것을 제공한다.

특별히 히브리서 9-10장에 강조된 옛 언약의 연약성은 죄사함과 하나님께로 나아가기에 부족함을 보여준다. 옛 질서 하에서 반복되는 제사는 결코 죄를 없이 하거나 하나님께 나아가게 못한다(9:9; 10:1, 11). 이와 대조적으로 히브리서는 예레미야 31장에 언급된 언약이 제공하는 두 가지 유익에 대해 강조한다. 그것은 죄사함과 하나님의 법을 마음에 담는 것(하나님의 교훈에 대한 내면화)이다. 이 내용은 히브리서 10:15-18에서 반복되며, 이들에 대한 강조는 보다 다양한 방식으로 제시된다.[103] 하나님께서 예레미야를 통해 약속하신 것처럼("다시는 그 죄를 기억지 아니하리라" [렘 31:34d]), 그리스도의 죽으심으로 중보된 새로운 언약 하에서(9:15-16) 완전하고 영원한 죄사함이 제시된다(9:12; 10:12-18). 더욱이 그리스도인들은 이제 믿음으로 말미암아 하나님께 나아가 담대히 예배할 수 있는 길이 열리게 되었다(히 10:19-22). 하나님께 나아감에 관한 주제는 하나님의 백성들이 깨끗한 양심과 참 마음으로 담대히 하나님께 나아가게 되었다는 점에서 법의 내면화라는 새 언약의 특징과 연결된다(22절). "마음에 뿌림을 받아 양심의 악을 깨

---

102) "이것은 하나의 완벽한 해석이다. 예레미야는 옛 언약이 죄인들의 종교적 요구를 채우기에는 불충분하다고 믿었기 때문에 새 언약이 세워질 것이라고 예언하였다. 옛 언약의 제사는 죄에 대해, 그리고 속죄의 필요성에 대해 영원히 기억나게 한다. 그러나 사람에게 필요한 것은 죄에 대한 효과적인 제거로, 하나님께 나아가는 것을 방해하는 장벽이 되지 않게 하는 것이다"(Caird, "Exegetical Method of Hebrews," 47).
103) Attridge, *Epistle to the Hebrews*, 226.

닫고"(22절)라는 언급은 에스겔이 제시하는 새 언약(36:25-27)에 대한 암시로 보인다. 본문에서 맑은 물로 뿌림은 새 마음을 주시고 새 영을 두셔서 하나님의 법을 지키게 하신 것과 연결된다.[104] 그리스도의 죽음으로 시작된 새 언약은 영원한 죄사함과 변화를 통해 깨끗한 양심으로 하나님께 나아가게 하기 때문에 더 우수하다.

(2) 율법의 폐지

하나님의 구속 목적은 이와 같이 무력한 제사 세도를 지닌 옛 언약으로부터 그리스도를 통한 새 언약의 축복으로 변화를 통해 시행된다. 하나님은 옛 질서를 유익하게 사용하셨으나 그것은 언제나 잠정적인 것이었으며, 그것을 대치하기 위해 장차 올 질서에 대한 전조로서의 역할을 하였던 것이다.[105]

히브리서의 저자는 다른 구약성경의 본문인 시편 40편에 대한 자신의 해석학적 성찰을 통해 이러한 변화에 대한 통찰력을 얻는다. 이 시는 하나님께서 기뻐하지 않으시는 "제사와 예물"과, "나를 위하여 예비된 한 몸"을 통해 "하나님의 뜻을 행하러" 오는 것을 비교한다(히 10:5-7에 인용). 8-9절의 해석은 이 "제사"와 "율법"을 연결하고("이는 다 율법을 따라 드리는 것이라[8b절]), "하나님의 뜻을 행하는 것"과 예수님의 자기희생을 연결한다. 이러한 대조를 통해 하나님의 구속 목적이 역사에서 수행되는 것을 볼 수 있다. 이것에 대한 결론은 9b절에 제시된다: "그 첫 것을 폐하심은 둘째 것을 세우려 하심이니라"[106] 본문에 사용된 헬라어 중성 단수는 "첫 번째 것/일"(*to prōton*)과 "두 번째 것/일"(*to deuteron*)은 언약이나 제사만 의미하는 것

---

104) David Peterson, "The Prophecy of the New Covenant in the Argument o Hebrews," *Reformed Theological Review* 38 (1979): 78; Homer A. Kent, "The New Covenant and the Church," *Grace Theological Journal* 6 (1985): 294. 성령의 활동은 고린도후서 3-4장에 언급된 새 언약의 사역에 관한 말씀에서 강조한 내용 가운데 하나이다.
105) 히브리서에 나타난 율법의 역할에 대해서는 Susanne Lehne, *The New Covenant in Hebrews,* Journal for the Study of the New Testament Supplement Series 44 (Sheffield: JSOT, 1990), 26-27 (cf. pp. 22, 78)의 요약을 참조하라. 율법은 제한적이고 일시적인 깨끗함과 하나님께 나아감을 제공하며 무엇보다 새 언약의 내용들을 예시한다. 그러나 새 언약 하에서 적용되는 "새 법"은 특별히 없다.

이 아니라, 제사와 관련된 모든 옛 질서와 그리스도의 자기희생으로 세워진 모든 새로운 질서를 지칭한다. 십자가 위에서 하나님의 뜻을 이루심으로 그는 하나를 폐지하시고 다른 것을 세우셨다.

엘링워스(Ellingworth)가 지적한 대로 히브리서 10:9b은 옛 질서가 끝났음을 보여주기 위해 강한 어휘를 사용한다: "폐하심[*anairei*]은 저자가 지금까지 사용한 가장 강력한 단어이자 아마도 옛 질서의 종말에 관해 사용할 수 있는 가장 강한 단어일 것이다... 그는 하나님이 전에 자신이 세운 제도를 폐하신 행위를 강조한다." 107)

율법의 폐지와 관련하여 이와 유사한 내용이 7장에서 발견된다. 7:12 및 18절에는 두 단어가 율법의 "변역"(*metathesis*)과 계명을 "버림"(athetēsis[폐하고])이라는 의미로 사용되었다. 이들 단어는 율법의 수정이나 변화뿐만 아니라 그것의 폐지, 무효화 및 대치를 포함한다.108) 이것은 제사장직, 제사, 언약, 율법 또는 계명, 소망 등 옛 질서의 다양한 국면들이 서로 연결되어 있는 본문에 제시된다. 따라서 시편 110:4에 언급된 하나님의 맹세에서 볼 수 있듯이, 제사장직이 변하였을 때 율법이나 옛 질서와 관련된 다른 특징들도 하나님의 계획에 따라 변화하였다는 사실을 알 수 있다.109)

---

106) Cf. Kaiser, "Abolition of the Old Order and Establishment of the New," 33-34; William L. Lane, *Hebrews* 9-13, Word Biblical Commentary (Dallas: Word, 1991), 264.
107) Paul Ellingworth, *The Epistle to the Hebrews*, Epworth Commentaries (London: Epworth, 1991), 89. Otto Michel, *Der Brief an die Hebräer*, Kritischexegetischer Kommentarüber das Neue Testament, 12th ed. (Göttingen: Vandenhoeck & Ruprecht, 1966), 338. 그는 이 단어에 대해 율법을 "쓸모없이 만들었다"라는 헬라적 용례를 인용한다.
108) Attridge, *Epistle to the Hebrews*, 201, 203; Bauer, Arndt, and Gingrich, *A Greek-English Lexicon of the New Testament*, 21, 511; and Christian Maurer, *Theological Dictionary of the New Testament*, s.v. "tithēmi," 8:158-59, 161-62. 이들 명사는 신약성경에서 히브리서에서만 사용된다. "*Athetēsis*"는 9:26에서 죄를 "없게 함"이라는 의미로 사용되었으며, *metathesis*는 11:5에서 에녹이 이 땅에서 "옮기움"을 당했다는 의미로 사용되었으며, 12:27에서는 영원한 것들을 유지하기 위하여 피조물이 "변동"될 것이라는 의미로 사용되었다.
109) Bruce, *Epistle to the Hebrews*, 145-48.

즉 제사제도나 제사장직만 폐하여지고 율법은 그대로 유지된다는 것이 아니다. 그렇다고 율법의 제의적 국면만이 폐하여진 것도 아니다.[110] 이러한 제한에 대한 언급은 결코 없다. 대신 저자는 율법 자체를 그가 폐지를 주장한 본문에서 제사 제도나 레위 계통의 제사장직과 연결하려고 애쓴다. 이것은 7:11, 18-19 및 10:8에서 괄호 안의 주석으로 제시된다. 율법을 제사 및 제사장직과 연결한 후, 저자는 옛 질서의 특징들 간의 이러한 연결이 하나님의 프로그램에서 그리스도를 통해 제공된 새로운 언약으로 대치되었음을 확인한다.

7:28에 제시된 사상적 흐름은 이 관점을 뒷받침하는 또 하나의 본문이다. 본문에서 저자는 율법과 대제사장직이 하나님께서 나중에 제공하실 것에 의해 대치될 일시적 섭리임을 보여준다. 시편 110:4의 맹세는 "율법을 좇아" 예수님을 영원하고 완전한 대제사장으로 지명한다. 브루스(Bruce)의 말처럼 "이러한 대치는 메시아가 나타나 완전한 희생을 통해 대제사장으로 인정되었을 때 실행되었다."[111] 바울이 갈라디아서 3:15-29에서 율법은 그리스도께로 인도하는 일시적 제도라고 했듯이, 히브리서 저자는 아들 안에서 하나님의 사역이 구속사의 정점이자 율법의 성취요 폐지라고 본다.[112] 8장에서 언급하듯이 이 사건은 새 언약의 효시이다.

그리스도를 통한 하나님의 사역은 하나님의 계획에 대한 성취하는 새로운 시대를 시작하지만, 일부 계획은 아직 성취되지 않았다.

3) 히브리서의 종말론
(1) 히브리서의 이원론과 우주론

---

110) Cf. Herbert Braun, *An die Hebräer*, Handbuch zum Neuen Testament 14 (Tübingen: Mohr [Paul Siebeck], 1984), 201, 226, 298; Kaiser, "Abolition of the Old Order and Establishment of the New," 33; Lane, *Hebrews* 1-8, 182.
111) Bruce, *Epistle to the Hebrews*, 160.
112) Lehne, *New Covenant in Hebrews*, 73-80는 새 언약의 주제에 관한 바울과 히브리서의 입장을 비교한다. Kent는 어떻게 이스라엘과 교회가 새 언약과 관련되는지를 보여준다("New Covenant and the Church," 296-98).

히브리서의 몇몇 구절 및 표현 형식에 대한 연구를 통해 많은 사람들은 본 서신이 플라톤적 철학 사상에 강한 영향을 받았다는 결론을 내렸다. 이 사상은 아마도 필로나, 아니면 알렉산드리아에 광범위하게 산재해 있던 헬라적 유대교를 통해 들어온 것으로 보이며, 많은 사람들은 플라톤이나 필로의 사상적 배경이 본 서신의 사상적 근간을 형성하고 있다고 생각한다. 예를 들어 모패트(Moffatt)는 "저자의 세계관에 나타난 철학적 요소는 플라톤적 사상에 기초한다. 필로나 다른 지혜서 저자와 마찬가지로 그도 현상은 단지 영원한 실체에 대한 불완전하고 그림자와 같은 모사에 불과하다는 옛 이론의 관점에서 과거와 현재를 동일하게 해석한다"고 주장한다.113)

이러한 배경을 가장 강력히 암시하는 표현은 세 곳에 제시된다: 8:5(지상의 장막을 "하늘에 있는 것의 모형[*hypodeigma*]과 그림자[*skia*]"로 표현한다), 9:23-24("그러므로 하늘에 있는 것들의 모형[*hypodeigmata*]은 이런 것들로써 정결케 할 필요가 있었으나 하늘에 있는 그것들은 이런 것들보다 더 좋은 제물로 할지니라 그리스도께서는 참 것[*alēthinos*]의 그림자[*antitypos*]인 손으로 만든 성소에 들어가지 아니하시고 오직 참 하늘에 들어가사"), 10:1("율법은 장차 오는 좋은 일의 그림자[*skia*]요 참 형상[*eikōn*]이 아니므로"). 이런 표현들은 플라톤의 우주론, 즉 지상의 실체가 없는 모방과 하늘의 영원한 실체를 대조하는 수직적 이원론을 반영하는 듯하다. 실체에 대한 이러한 관점이 히브리서에 지배적이라면 수평적이고 종말론적인 관점은 본 서신의 신학에서 별 의미가 없을 것이다.114)

그러나 본문에 대한 플라톤적 해석은 결코 필요치 않다. 그림자, 상징, 전형 및 참 형상에 관한 내용은 유대 신자들의 묵시에 언급된 시간적 이원론(temporal

---

113) James Moffatt, *A Critical and Exegetical Commentary on the Epistle to the Hebrews*, International Critical Commentary (Edinburgh: T. & T. Clark, 1924), xxxi. 필로의 영향에 대한 자세한 연구는 Ceslas Spicq, *L´Épître aux Hébreux*, 2 vols. (Paris: Lecoffre, 1952-53)를 참조하라.
114) James W. Thompson, *The Beginnings of Christian Philosophy: The Epistle to the Hebrews*, Catholic Biblical Quarterly Monograph Series 13 (Washington, D.C.: Catholic Biblical Society of America, 1982)는 이 주장을 지지하는 최근 저서이다.

dualism) 및 종말론적 자료로부터 쉽게 얻을 수 있다. 바레트(Barrett)가 고전적 논문에서 주장하였듯이 히브리서의 지배적인 사상구조는 플라톤적이 아니라 종말론적이다. "묵시는 하늘의 성전 개념과 종말론적 성전에 대한 개념 모두에 대해 제시하며, 이런 내용은 일반적으로 장차 올 시대에 하늘의 성전이 나타나 지상에 세워질 것이라는 믿음 안에서 결합되어 있다."115) 허스트(Hurst)는 필로와 같은 방식으로 이해한 특징들이 묵시적 체계에서 히브리서 저자가 제시하는 구약성경의 사상으로 보다 잘 이해됨을 보여주었다.116)

히브리서의 사상적 배경에 대한 이러한 결론은 다음에 인용한 히브리서 본문을 통해 뒷받침 된다. 8:5; 9:23-24에는 그림자와 실체의 대조 및 지상과 하늘의 대조가 언급된다. 10:1에 언급된 내용은 8장에서 제시한 옛 언약과 새 언약의 대조와 9장에서 제시한 옛 제사장직과 새 제사장직에 관한 대조에 근거하고 있다. 이들은 장차 올 좋은 일(10:1)과 관련되며, 둘째 것을 세우기 위해 첫 것을 폐한다는 내용과 연결된다(10:9). 히브리서의 지배적인 구조는 하나님의 구원이 역사를 통해 전개된다고 하는 것으로 플라톤의 우주론과는 전적으로 다르다.117)

(2) 이미/아직의 긴장
히브리서에서 하나님의 구원사역은 다른 신약성경에서 공통적으로 볼 수 있는 것과 동일한 이미/아직(already/not yet)의 긴장으로 나타난다. 하나님의

---

115) Barrett, "Eschatology of the Epistle to the Hebrews," 386. R. J. McKelvey, *The New Temple: The Church in the New Testament*, Oxford Theological Monographs (Oxford: Oxford Univ., 1969), 25-41.
116) L. D. Hurst, *The Epistle to the Hebrews: Its Background of Thought*, Society for New Testament Studies Monograph Series 645 (Cambridge: Cambridge Univ., 1990), 7-42; and idem, "Eschatology and "Platonism' in the Epistle to the Hebrews," in *Society of Biblical Literature 1984 Seminar Papers*, ed. Kent Harold Richards (Chico, Calif.: Scholars, 1984), 41-74.
117) Goppelt, *Theology of the New Testament*, 2:246-47; George Eldon Ladd, *A Theology of the New Testament* (Grand Rapids: Eerdmans, 1974), 572-77; William Robinson, "The Eschatology of the Epistle to the Hebrews: A Study in the Christian Doctrine of Hope," Encounter 22 (1961): 41-44, 49-51.

약속의 성취에 있어서의 결정적인 시기는 이미 그리스도 안에서 도달되었거나 시작되었으며, 따라서 어느 면에서 성취는 이미 이루어졌다고 할 수 있다. 그러나 절정은 아직 이르지 않았으며 사람들은 하나님의 프로그램에 있어서 중요한 사건들이 장차 이루어질 것으로 소망하고 있다.[118]

"이미"는 히브리서에서 첫 문단에서부터 찾아볼 수 있다. 히브리서 1:2은 하나님의 초기 계시 형태와 "이 모든 날 마지막"[119]에 그의 아들 안에서 주어진 결정적 계시와 대조한다. 시편 8편과 110편의 성취로서 아들은 아버지의 우편에 앉으시고(1:3, 13; 8:1; 10:12) 영광과 존귀로 관을 쓰셨다(2:9). 그러나 그는 장차 모든 대적이 그의 발아래 완전히 복종할 때까지 기다리신다. 그리스도인의 공동체의 일원이 된 자들은 이미 내세의 능력을 맛본 자들이다(6:5). 그리스도는 죽음을 통해 예레미야가 예언한 새 언약의 중보가 되셨다(8:6-13; 9:15). 구약의 불완전한 제사 의식은 "새 질서의 시대"를 대망해 왔으나 이제 이르렀다(9:10). "세상 끝에" 나타나신 그리스도께서 자기를 단번에 제사로 드렸기 때문이다(9:26). 율법의 제사는 장차 오는 좋은 일의 그림자로서 이제 그리스도를 통해 예배드리는 자들에게 이루어졌다(10:1). 하나님의 계획은 옛 시대의 믿음의 영웅들이 이 시대의 신자들과 연결될 때에만 완전해 질 수 있다는 것이다(11:39-40). 피조물의 종말론적 진동은 그리스도를 따르는 자들에게 은혜가 된다. 왜냐하면 그들은 이미 진동치 못할 나라를 받았기 때문이다(12:28).

히브리서의 종말론 가운데 "아직"의 영역은 여러 구절에서 발견된다. 몇몇 구절은 죽은 자의 부활(6:2; 11:35)이나 미래적 심판(6:2; 10:27, 31; 12:23) 및 사역에 대한 설명(13:17)과 같은 미래적 사건에 관한 설명 없이 언급된다. 다른 미래적 사건들은 히브리서에서 보다 중요하게 다루어진다: 세상은 그리스도에게 복종함(2:5), 모든 대적이 메시아적 언약의 성취로 아

---

118) Barrett, "Eschatology of the Epistle to the Hebrews," 384, 391; Robinson, "Eschatology of the Epistle to the Hebrews," 44-45; Thompson, *The Beginnings of Christian Philosophy*, 41-42; and Lehne, *New Covenant in Hebrews*, 79.
119) 이 구절에 대한 70인역의 배경에 대해서는 각주 92를 참조하라.

들에게 복종함(1:13; 2:8; 10:13),[120] 믿음으로 안식에 들어감(4:9, 11),[121] 신자들이 세상 끝 날까지 소망을 굳게 잡음(3:6, 14; 6:11), 미래적 축복 또는 기업을 받음(9:15; 10:36; 11:14, 16; 13:14), 그리스도의 재림(9:28; 10:37), 여호와의 날, 또는 심판의 날(10:25), 모든 피조물의 종말론적 진동(12:26-29).

자세한 종말론적 계획은 제시되지 않았으나 히브리서가 하나님의 구원 사역의 절정을 이룰 중요한 미래적 사건들을 소망하고 있다는 것은 분명하다. 저자는 독자들에게 이러한 미래적 관점에 근거하여 믿음과 인내를 호소한다.

3. 그리스도인의 삶: 믿음과 인내의 촉구

히브리서의 특징으로는 교리와 권면의 독특한 혼합을 들 수 있다. 본 서신의 풍성한 신학은 그리스도인들로 하여금 믿음과 순종의 삶을 살도록 촉구하는 근거를 제공한다. 이와 같은 신학과 권면의 혼합은 독자들이 처한 상황에 대한 저자의 목회적 반응이다. 즉 그들은 심각한 영적 위기에 처해 있었던 것이다. 이런 배경에서 저자는 연약과 어려움에 직면한 그리스도인들의 삶에 관한 중요한 진리를 제공한다.

1) 독자들의 영적 상태

독자들은 예수님으로부터 직접 말씀을 들은 경건한 자들로부터 구원의 메시지를 들은 후 그리스도인으로서의 경험을 시작하였다 (2:1-4; 13:7). 그 후 이들은 심한 고난과 박해와 싸우며 모범적인 믿음과 기쁨 및 자기희생적 사랑을 보였다(10:32-34). 그들은 하나님을 위해 일하며, 자기 백성들을 사랑으로 섬기기를 계속하였다(6:10). 그러나 이제 그들은 큰 위기에 처하게 되었다. 그들은 일종의 영적 무기력에 빠지게 되었다(5:11, 6:12). 그들은 그리스

---

120) 이것은 히브리서에 언급된 가장 중요한 미래적 사건들 가운데 하나이다. 즉 다윗의 왕권을 가지신 예수님이 지상에서 가시적인 통치를 하신다. 이 부분에 관해서는 "승귀하신 아들로서의 예수"편을 참조하라.
121) 이 주제에 관한 자세한 내용은 다음 장에 언급된다.

도에 대한 헌신으로부터 물러나 표류할 위기에 처했다(2:1; 10:39). 하나님의 약속에 대한 확신은 흔들렸고, 불순종의 강퍅한 마음과 하나님에 대한 반역의 기로에 서게 되었다(3:6-14; 4:1, 11; 10:35-36; 12:25). 독자들은 기독교적 신앙고백을 포기하고 유대교의 익숙한 종교적 관습으로 되돌아가려는 유혹에 빠졌다.[122] 아직은 그러한 단계에 까지 들어서지는 않았으나 많은 유혹을 받고 있었던 것은 사실이다.

그들의 영적 문제는 부분적으로는 그리스도에 대한 신앙이 박해의 위협에 직면한 데 기인한다(10:32-39; 13:3, 13). 그리스도인이 되기 위해서는 값비싼 대가를 치러야 하는 반면, 유대교는 안전한 하늘을 제공하고 있었다. 또한 독자들은 고통스러워하는 양심과 투쟁하고 있었으며, 예배를 통해 하나님께 나아가는 옛 방식을 떠나야 한다는 충격에서 벗어나지 못하고 있었던 것이다. 린다스(Lindars)는 독자들이 인간의 연약 및 죄성과의 계속되는 투쟁으로 큰 고통에 빠져 있었으며, 유대인들의 제사의식을 통한 즉각적이고 감각적인 죄사함의 감정을 원하였음이 틀림없다고 말한다. 이에 대해 본 서신은 새 언약이 옛 언약보다 우월하며, 그리스도의 완전한 희생이 옛 질서의 흠 있는 제사보다 낫다고 강조했던 것이다.[123]

유대교로 다시 돌아가기 전에 독자들은 먼저 예수 그리스도에 대해 초점을 맞추고 그가 대제사장이 되신다는 말씀의 의미를 깨달아야 했던 것이다. 오직 그만이 새 언약을 통해 하나님께서 약속하신 완전하고 영원한 죄사함을 제공하신다. 이러한 죄사함과 양심을 깨끗케 하심은 옛 질서 하에서는 결코 얻을 수 없는 것이었다. 예수님은 인간의 연약을 완전히 체휼하신 자비로우신 대제사장이시며, 그들에게 필요한 모든 긍휼과 은혜를 베푸신다. 예수

---

[122] 이것은 많은 사람들의 결론이다. 특별히 Bruce, *Epistle to the Hebrews*, xxiii-xxx; Barnabas Lindars, *The Theology of the Letter to the Hebrews* (Cambridge: Cambridge Univ., 1991), 4-5; Attridge, *Epistle to the Hebrews*, 10-13; and J. Dwight Pentecost, *A Faith That Endures* (Grand Rapids: Discovery House, 1992), 11-13, 26-31를 참조하라.

[123] Lindars, *Theology of Hebrews*, 10-15.

님의 진정한 인성에 대한 강조는 독자들에 대한 저자의 호소에 있어서 중요한 역할을 한다. 그리스도께서 고난 가운데서 하나님에 대한 헌신의 본을 보이신 것은 역경에 처한 모든 그리스도인들이 따라야 할 전형이 되었다. 예수님은 하나님의 아들이셨으나 "받으신 고난으로 순종함을 배워서"(5:8) 하나님께 충성하되 "십자가를 참으사"(12:2) 끝까지 인내하셨다. 따라서 하나님의 자녀 된 그리스도인들도 고난을 피할 수 없으며, 이것이 그들을 의로 연단하시기 위한 하나님 아버지의 징계임을 확신하고 믿음으로 견뎌야 한다(12:4-11).

독자들의 불안한 영적 상태는 그리스도인의 삶에 관한 교훈의 배경을 제공하였다. 이 교훈을 이해하기 위해서는 본 서신의 잘 알려진 경고의 메시지에 대해 살펴볼 필요가 있다.

2) 배교에 대한 경고

히브리서의 독자들에 대한 경고는 본 서신에서 가장 복잡한 본문 가운데 일부에 속한다. 이들은 2:1-4; 3:6-4:13; 5:11-6:12; 10:26-39; 및 12:12-19이다.

(1) 본문에 대한 접근

해석가들은 이들 본문의 신학적 의미를 파악함에 있어서 네 가지의 주요 접근 방식을 따른다. 네 가지 해석 방식은 모두 나름대로의 장단점이 있다.

알미니안적 접근은 본문이 참된 신자가 구원에서 멀어질 수 있으며 따라서, 영원한 심판을 받을 수도 있음을 경고한다고 주장한다. 이 주장을 지지하는 자들은 배교의 본질이나 타락 후 다시 회개할 수 있는 가능성에 대해 다르게 생각한다. 이들의 주장을 뒷받침하는 본문은 타락한 자들에 대해 언급하고 있는 6:4-5이다. 본문은 참된 회심을 경험한 자들에 대한 말씀이다. 6:7-8 및 10:26-31의 심판에 대한 경고 역시 배교자에 대한 영원한 정죄에 관한 언급이므로 이러한 관점과 부합된다.[124] 이 접근의 문제점은 신자의 안전에 관해 명백히 가르치고 있는 히브리서(7:25; 8:12; 9:14-15; 10:14 및 다른 본문(요 10:25-30; 롬 8:28-39; 벧전 1:3-9)의 내용과 모순 된다는 점이다. 일부에서 더욱 명확한 증거로 여기는 또 하나의 문제점은 타락한 자의 회복은 불가능하다는 말씀(6:4-6)에 관한 것으로서, 대부분의 알미니안 신학자들은 이것을 인정하지 않는다.

칼빈주의자들은 본문이 그리스도인의 공동체에 참석하였으나 그리스도에 대해 듣고 배운 것을 버린 자들은 영원한 심판에 떨어지며, 그들은 결코 참된 신앙을 가질 수 없음을 보여준다고 생각한다. 이러한 관점은 심판에 관해 언급하고 있는 구절(6:7-8; 10:26-31) 및 안전보장에 관한 언급(7:25; 8:12; 9:14-15; 10:14)에 대한 가장 자연스러운 해석이다. 그러나 6:4-5은 단순한 기독교적 고백이 아니라 진정한 신자의 경험으로 보인다는데 문제가 있다.[125]

칼빈의 사상에 뿌리를 둔 또 하나의 해석 방식은 가설적 접근이다. 이것은 참된 신자가 그리스도를 거절할 경우 받게 될 무서운 심판을 경고함으로 독자들에게 충격을 주려는 것으로서, 저자는 이러한 가능성을 고려치 않는다. 그는 다만 독자들을 유혹하고 있는 것들이 얼마나 어리석은 일인지를 보여주려는 것뿐이다.[126] 이 관점은 6:4-6 및 안전을 보장하고 있는 본문에도

---

124) Cf. I. Howard Marshall, *Kept by the Power of God: A Study of Perseverance and Falling Away* (London: Epworth, 1969), 132-54; Grand Osborne, "Soteriology in the Epistle to the Hebrews," in *Grace Unlimited*, ed. Clark H. Pinnock (Minneapolis: Bethany Fellowship, 1975), 144-66.
125) Cf. Philip Edgcumbe Hughes, "Hebrews 6:4-6 and the Peril of Apostasy," *Westminster Theological Journal* 35 (1973): 137-55; Roger Nicole, "Some Comments on Hebrews 6:4-6 and the Doctrine of the Perseverance of God with the Saints," in *Current Issues in Biblical and Patristic Interpretation: Studies in Honor of Merrill C. Tenney*, ed. Gerald F. Hawthorne (Grand Rapids: Eerdmans, 1975), 355-64; Stanley D. Toussaint, "The Eschatology of the Warning Passages in the Book of Hebrews," *Grace Theological Journal* 3 (1982): 67-80. Scot McKnight 의 현상학적 관점이 가장 바람직한것 같으나, 그의 논리는 전체적으로 명확하지 않다 ("The Warning Passages of Hebrews: A Formal Analysis and Theological Conclusions", *Trinity Journal* 13 [1992]: 21-59).
126) Homer A. Kent, *The Epistle to the Hebrews: A Commentary* (Grand Rapids: Baker, 1972), 113-14; Thomas Hewitt, *The Epistle to the Hebrews: An Introduction*

부합되나, 가설적으로 해석할 경우 심판에 관한 경고는 아무런 효력도 가지지 못한다.

복음주의 단체에서 제시하는 또 하나의 접근 방식은 본문이 신실하지 못한 참 신자들에 대해 상급의 상실이나 징계적 심판을 경고하고 있는 것으로 해석한다. 이 관점은 신자들이 영원한 심판으로부터 보장받을 수 있다는 장점은 있으나 작은 규모의 심판을 받을 수 있다는 실제적 경고로 해석될 수도 있다.[127] 이 관점은 6:4-5과는 부합되나, 6:7-8 및 특히 10:26-31에 언급된 준엄한 심판과 부합되지 않는다.

이들 방식에 대한 결론을 내리기 전에 경고적 본문에 담긴 세 가지 중요한 주제에 대해 살펴볼 필요가 있다. 이들 주제의 전체적 의미를 파악하기 위해 모든 본문으로부터 증거를 찾아내는 것이 중요하다.

(2) 배교의 본질

첫 번째로 살펴볼 주제는 독자들이 경고를 받고 있는 "타락"의 본질에 관한 것이다.

본문은 독자들이 현재 일종의 영적 무기력증에 빠져 있음을 보여준다 (5:11; 6:12). 그들은 마땅히 추구해야 할 영적 진보를 이루지 못하고 있다. 또한 그들은 영적으로 고갈되고 연약하며 다리를 절고 있다(12:12-13). 그들이 인내로 경주하며(10:36; 12:1-2) 자신이 고백한 소망을 굳게 붙들기 위해

---

and Commentary, Tyndale New Testament Commentaries (Grand Rapids: Eerdmans, 1960), 110-11. 이 주장과 약간 다른 형태의 주장은 Ryrie, Biblical Theology of the New Testament, 256-58이다.

127) Zane C. Hodges, "Hebrews," in The Bible Knowledge Commentary: New Testament, ed. John F. Walvoord and Roy B. Zuck (Wheaton Ill.: Victor, 1983), 786-89, 794-96, 805-6; Joseph C. Dillow, The Reign of the Servant Kings: A Study of Eternal Security and the Final Significance of Man (Miami Springs, Fla.: Schoettle, 1992), 433-66.

서는(3:6, 14) 그들에게 새로운 힘이 필요했다. 그러나 그들이 경고 받은 내용은 무기력이나 연약보다 훨씬 심각한 내용을 담고 있었다.

본문은 다음 단계에 대해 심각한 용어를 사용하여 제시한다. 독자들은 아직 이 단계에까지 이르지는 않았으나 기로에 서 있었다. 그들은 구원의 복음을 등한히 여기거나 떠내려 갈 위기에 처해 있었으며(2:1, 3), 담대함을 버리거나 믿음으로부터 물러날 위기에 처해 있었다(10:35, 38-39). 그들은 악심을 품고 믿지 않거나(3:12, 19), 불순종하며(3:18; 4:6, 11), 하나님을 거역하고 배반하였다(12:25). 그들은 죄의 유혹으로 강퍅케 되지 말고(3:13), 진리를 아는 지식을 받은 후 고의로 죄를 범하지 말하는 경고를 받았다(10:26). 그들은 영적 실패로 인해 하나님의 약속과 은혜에 미치지 못하는 자가 되지 말라는 음성을 들었다(4:1, 11; 12:15). 끝으로 그들은 현재의 영적 상태로부터 타락하거나(6:6), 살아계신 하나님으로부터 떨어질 위기에 처해 있었다(3:12).

"타락하다"나 "배교하다"라는 용어는 다른 본문에서 구원에 대한 강퍅한 거절과 하나님과 그의 도에 대한 반역의 의미로 사용되었다(눅 8:13; 행 21:21; 살후 2:3; 딤전 4:1). 그러나 히브리서는 이 단어를 그리스도와 그의 희생을 거절한다는 의미로 사용한다. 즉 하나님의 아들을 다시 못 박아 현저히 욕보이며(6:6), 하나님의 아들을 밟고 자기를 거룩하게 한 언약의 피를 부정한 것으로 여기며, 은혜의 성령을 욕되게 하는 행위(10:29)로 묘사된다. 이것은 본문에 언급된 배교가 죄와의 투쟁이나 하나님의 백성들에게 공통적으로 발생하는 죄의 유혹이 아니라는 것을 보여준다. 자비하신 대제사장으로서 그리스도는 이러한 연약에 대해 긍휼과 은혜를 제공하실 준비가 되어 있다. 대신에 독자들은 그리스도와 그의 희생을 강퍅하게 거절하지 말라는 경고를 받는다. 그를 거절하는 것은 죄를 위한 유일한 제사를 거절하는 것이다. 이러한 행위에는 준엄한 심판만이 기다리고 있을 뿐이다(10:26-27).

(3) 부정적 결과

이와 같이 타락한 자들에게 어떠한 결과가 기다리고 있는가? 경고의 본문에 사용된 용어는 심각하다. 독자들은 그리스도 안에 있는 하나님의 구원을 등한히 여길 경우 피할 수 없게 된다(2:3). 불순종으로 하나님을 노하게 하는 것은 마치 광야 세대가 그렇게 함으로 살아계신 하나님으로부터 멀어진 것처럼 그의 진노 아래 놓이게 됨을 의미한다(3:8, 10-12, 16-17). 따라서 그들은 약속된 안식에 들어가지 못할 것이다(3:18-4:11).[128] 한번 타락한 후에는 새롭게 하여 다시 한번 회개시키는 것은 불가능하다. 대신에 그들은 열매 맺지 못하는 땅과 같이 쓸모없고 저주함에 가까워 불사름을 당할 것이다(6:6-8). 죄를 위해 강구할 수 있는 어떠한 방법도 없으며, 오직 대적들을 소멸할 살아계신 하나님의 맹렬한 불과 심판만 남아 있다(10:26-31). 피조세계를 진동시키실 소멸하는 불이신 하나님을 모독하고 거절하는 자는 축복도 회개도 피할 곳도 없다(12:14-29).[129]

투생트(Toussaint)가 주장했듯이 이러한 결과는 연단을 위한 심판이나 보상의 상실과는 거리가 멀다. 이것은 분명 영원한 저주에 대한 묘사이다.[130] 이것은 특별히 살아계신 하나님으로부터 버림받고 그의 진노 아래 놓이게 됨을 의미한다(3:10-12). 다시 속죄하는 제사가 없으며(10:26; cf. 그리스도의 희생의 영원한 효과와 대조적으로), 맹렬한 심판만 있을 뿐이다(6:8; 10:27).

---

128) 히브리서에서 "약속된 안식"은 지상에서의 천년왕국과 함께 하늘에서의 영원한 미래를 지칭한다. 이에 대해서는 George Wesley Buchanan, *The Consequences of the Covenant* (Leiden: Brill, 1970), 70-80; Otfried Hofius, *Katapausis: Die Vorstellung vom endzeitlichen Ruheort im Hebräerbrief* (Tübingen: Mohr [Paul Siebeck], 1970), 59-74; 144-53; and Neils-Erik Andreasen, *Rest and Redemption* (Berrien Springs, Mich.: Andrews Univ., 1978), 109-15를 참조하라.

129) 그리스도를 통한 하나님의 사역을 거절한 자들에 대한 심판은 광야 세대보다 엄중할 것이다. 저자는 2:3; 10:29; 12:25에서 '얼마나 더'("하물며")라고 말한다.

130) Toussaint, "The Eschatology of the Warning Passages," 67-80. McKnight, "The Warning Passages of Hebrews," 33-36.

(4) 긍정적 반응

경고의 본문에서 세 번째 중요한 주제는 저자가 불확실한 상황 가운데 있는 독자들에게 촉구하고 있는 반응이다. 그의 호소는 일관성이 있으며 그들에게 반드시 필요한 믿음과 인내라는 미덕에 초점을 맞추고 있다.

하나님에 대한 확신을 굳게 붙들고 어떠한 고난도 끝까지 인내해야 할 필요성은 경고적 본문의 일관된 주제이다. 저자는 10:36에서 "너희에게 인내[hypomonē]가 필요함은"이라고 분명히 교훈한다. 그들은 선구자인 예수께서 죄인들의 적대행위를 참으시고 하나님의 뜻을 따라 십자가를 견디신 예수님과 같이 "인내로 경주해야 한다"(12:1-3). 인내 또는 오래 참음(makrothymia)으로 하나님의 약속이 성취되기를 기다리라고 촉구하는 본문(6:12, 15)도 이와 관련된다. 이와 유사한 주제는 여러 본문에서 제시하는 대로(3:6, 14; 4:14; 10:23), 그리스도에 대한 믿음을 "굳게 잡으라"(katechō, krateō)는 것이다. 이것은 2:1에서는 다르게 표현된다. 본문에서 그들은 "흘러 떠내려 갈"지도 모른다는 경고와 함께 그리스도의 구원에 관해 들은 것을 간절히 삼가라는 명을 받는다. 약속된 안식에 들어가기 위해 최선을 다하라는 호소는 동일한 내용을 하나님의 메시지에 끝까지 주의를 기울이라는 내용으로 표현된다(4:11). "굳게 잡아라"는 표현은 그리스도에 대한 소망이나 하나님에 대한 확신에 관한 언급과 연결된다(cf. 3:6; 6:11; 6:18; 10:23; 11:1). 그들이 굳게 잡아야 할 것은 하나님의 보호하심 및 그의 약속의 성취에 대한 보장이다. 이것은 하나님과 그의 약속에 대한 반응과 함께 믿음을 촉구하는 거듭된 호소에 의해 강조된다(3:12, 19; 4:2-3; 6:12; 10:22, 38; 11:1-39; 12:2; 13:7).

따라서 경고적 본문은 독자들로 하여금 하나님을 향한 믿음에 굳게 서서, 아들이자 대제사장이신 예수 그리스도를 통해 주신 완전한 죄 사함을 거절함으로 심판을 자초하지 말라고 촉구한다. 그러나 이러한 경고적 요소들을 어떻게 일관된 체계로 모을 수 있는가?

(5) 해석학적 패러다임

이들 경고에 대한 해석의 패턴은 첫 번째 긴 경고인 3:6-4:13에 언급된 두 개의 조건문(3:6 및 3:14)에서 발견된다: "그리스도는 그의 집 맡은 아들로 충성하였으니 우리가 소망의 담대함과 자랑을 끝까지 견고히 잡으면 그의 집이라." "우리가 시작할 때에 확실한 것을 끝까지 견고히 잡으면 그리스도와 함께 참예한 자가 되리라."

본문을 자세히 살펴보면, 그들이 견고히 잡으면 어떻게 될 것이라고 이야기하는 것이 아니라, 이미 그들에게 이루어진 일과 시험을 통해 입증된 것에 대해 언급한다. 저자는 그들의 지속적 믿음을 통해 그들이 하나님의 집의 일원이 됨(헬라어 시제로 현재형임)을 확인하나, 미래에 그렇게 될 것이라는 언급은 아니다. 확실한 것을 굳게 잡는 것은 그들이 그리스도 안에서 참예한 것(완료시제)을 드러내지만, 앞으로 참예할 것이라는 말은 아니다. 계속해서 믿음에 거하는 것은 그들은 그리스도께서 이미 시작하신 일을 드러내며/그들 안에서 확실히 성취할 것이다(7:25; 8:12; 9:14-15; 10:14). 타락에 대한 경고나 인내에 대한 호소는 바로 이 점을 보여준다.

경고적 본문에 대한 이러한 패러다임은 신약성경에서 공통적인 것이다. 즉 믿음에 거하는 것은 하나님과의 참된 관계를 보여주는 증거이다.[131] 이것은 예수께서 그의 제자로 자처하며 기적을 행하였으나 불법을 행한 자들에게 "내가 너희를 도무지 알지 못하니"(마 7:21-23)라고 말씀하신 데서 볼 수 있다. 이것은 그들이 타락했다는 말이 아니라 그들이 한번도 예수님과 진정한 관계를 가진 적이 없다는 의미이다. 마찬가지로 요한일서 2:19은 지속적 믿음을 보여주지 못한 자들의 진정한 정체에 대해 "저희가 우리에게서 나갔으나 우리에게 속하지 아니하였나니 만일 우리에게 속하였더면 우리와 함께 거하였으려니와 저희가 나간 것은 다 우리에게 속하지 아니함을 나타내려 함이니라"고 하였다.[132]

---

131) "그리스도인의 삶에 있어서 지속성은 실체에 대한 기준이다"(Bruce, *Epistle to the Hebrews*, 59). Kent, *Epistle to the Hebrews*, 67, 74-75도 유사한 내용이다.

이것은 히브리서의 독자들이 처한 위기의 상황에도 적용된다. 심각한 유혹에 직면하여 그들은 자신이 고백한 소망을 끝까지 견고히 붙들어 자신이 참된 하나님의 백성이며 그리스도와 동참한 자임을 보였는가(3:6, 14)? 저자는 그들이 인내하며 끝까지 신실할 것이라고 확신하였다(cf. 6:9-12; 10:39). 그러나 그는 그들에게 반대의 경우에 대해서도 조심스럽게 경고하였다. 그들은 먼저 복음의 진리를 드러내고 그리스도의 구원 사역에 중점을 두었다. 이때까지 그들은 참된 그리스도인의 경험에 대한 모든 증거를 받았다. 그러나 그들은 믿음과 순종을 지속해야 했다. 지금 그리스도로부터 물러난다면 구원의 유일한 길을 거절하는 것이며 무서운 심판이 기다릴 것이다.

경고적 본문에 대한 이러한 해석은 히브리서 및 신약성경 신학 전체의 증거와도 가장 잘 부합된다. 이 접근의 문제점은 6:4-5의 본문이다. 본문은 거짓 고백이라기보다 참 신자의 경험으로 보이기 때문이다. 이 문제는 저자가 이 구절을 통해 회심의 현상, 즉 신자의 경험이 외형적으로 어떻게 나타나는가에 대해 설명하고 있다는 것을 이해함으로 해결할 수 있다. 그는 이들이 얼마나 믿음과 유사한 모습을 보이는지를 강조하기 위해 분명한 기독교적 용어를 사용하여 묘사한다. 누구라도 구분할 수 있을 만큼 신앙 고백에 굳게 서서 그것이 참됨을 보여주는 사람이 있으며, 이것이 저자의 바라는 바이다(6:9-12; 10:39). 그럼에도 불구하고 그는 그들에게 가장 강한 어조로 소망을 포기하지 말며 그리스도를 부인하지 말라고 경고할 필요가 있었던 것이다.

3) 믿음과 믿음에 거함

많은 그리스도인들은 히브리서에 대해 생각할 때 위대한 "믿음의 장"인 11장을 떠 올리게 된다. 본 서신의 교훈에서 믿음은 가장 중요한 모티브 가운데 하나이기 때문에 이것은 당연하다고 할 수 있다. 그러나 본 장에는 또 하나의 특징을 찾아볼 수 있다. 그것은 히브리서가 다른 신약성경에 비해 믿음에 대해 독특한 색채를 부여하고 있다는 점이다. 그러나 이러한 특징은 왜

---

132) 바울과 야고보 역시 그리스도에 대한 믿음을 고백하면서도 그것을 지속하지 못함으로 참된 신자가 아님을 드러낸 자들에 대해 언급한다.

곡되어서는 안 된다. 히브리서에서 믿음은 종종 나그네나 순례자라는 주제와 함께 제시되며, 이에 대해서도 함께 논의할 것이다.

(1) 히브리서의 믿음

많은 사람들은 히브리서의 믿음에 대한 교훈이 바울이나 요한과 같은 다른 신약성경 저자에 비해 세 가지 면에서 구별된다고 말한다. 첫째로, 히브리서의 믿음은 칭의나 구원론에 초점을 맞추는 대신 윤리적 범주, 즉 지속적 믿음의 특징에 초점을 맞춘다. 둘째로, 그리스도는 히브리서에서 믿음의 내용이나 대상이 아니라 믿음의 모델이며 하나님에 대한 신앙의 최상의 모범으로 제시된다. 셋째로, 히브리서의 믿음의 방향은 끊임없이 미래적이며 소망과 거의 동의어이다. 반면에 예를 들어 바울은 과거적(그리스도의 십자가) 및 현재적(그리스도와의 신비적 연합의 수단으로서) 믿음을 주장한다.[133]

이러한 차이점은 믿음의 여러 국면을 반영한 데 기인하며, 히브리서는 다른 성경보다 믿음의 지속적 특징을 더 많이 강조하였을 뿐이다. 그러나 히브리서나 다른 성경에서 이들은 왜곡 전달될 수 있으며 믿음에 대한 정의를 잘못 제시할 수도 있다. 위에서 언급한 차이점은 히브리서와 다른 책으로 이분법적 구분이 되어서는 안 된다.[134] 이에 관해 세 가지로 제시할 수 있다.

첫째로, 히브리서는 믿음을 단순히 "시작하는 믿음", 또는 회심할 시점의 믿음에 대한 반응보다 광범위한 의미로 제시한다. 믿음은 회심의 결과로 나타나는 신뢰와 순종 및 인내에 대한 지속적인 반응이다. 린다스(Lindars)는 히브리서의 믿음은 "항상 동적인 미덕으로 나타나며, 받아들이고 순종하며

---

133) Goppelt, *Theology of the New Testament*, 2:262-63. 이들에 대해 Goppelt는 Erich Grässer, *Der Glaube im Hebräerbrief* (Marburg: Elwert, 1965) and Gerhard Dautzenberg, "Der Glaube im Hebräerbrief," *Biblische Zeitschrift* 17 (1973): 161-77를 따른다.

134) Dennis Hamm, "Faith in the Epistle to the Hebrews: The Jesus Factor," *Catholic Biblical Quarterly* 52 (1990): 270-91; Thompson, *Beginnings of Christian Philosophy*, 53-80.

신뢰하고 인내하는 것을 포함한다... 그것은 바울의 믿음 개념과 양립하지 못하는 것이 결코 아니며, 다만 바울의 칭의적 요소가 히브리서에서는 부각되지 않을 뿐이다"라고 말한다.[135] 이러한 내용은 첫 번째 경고의 본문(3:6-4:13)에서 볼 수 있다. 본문은 광야 세대의 불신앙적 불순종 대신 하나님과 그의 말씀에 대한 인내적 믿음을 요구한다. 이것은 히브리서 10:32-39의 호소에서도 분명히 제시된다. 본문은 11장의 믿음의 사례들로 옮겨간다. 본문에 언급된 구약성경의 예들은 믿음이 도덕적 용기와 결합된 것처럼 보이게 한다. 그것은 확신에 따라 행동하며, 하나님과 그의 도를 위해 어떠한 역경과 박해에도 불구하고 일어선다. 그들은 믿음이 하나님과의 개인적 관계에 뿌리를 내리고 있음을 보여준다. 즉, 이 땅에서의 소명이 어떠한 것이든, 하나님과 그의 속성에 대한 지식은 신자들로 하여금 하나님의 돌보심에 모든 것을 맡기고 안식할 수 있게 한다.

둘째로, 히브리서는 그리스도를 하나님에 대한 신앙의 가장 좋은 모범으로 제시하지만 동시에 신자들의 믿음의 대상으로 제시한다. 이것은 다른 성경과 달리 분명한 관용구(예를 들어 "그리스도를 믿음"[faith in Christ])로 제시되지는 않으나, 본 서신의 권면에 함축된 논리를 통해 전달된다. 예수님의 진정한 인성과 완전한 신성 및 대제사장 사역의 우월성 등은 모두 그에 대한 지속적 믿음을 격려하고 강화하기 위해 제시된다. 허스트(Hurst)의 주장처럼 히브리서는 "그리스도인의 확신의 근거로서, 그리스도의 대제사장 사역에 초점을 맞춘다."[136] 지속적 믿음의 실패는 하나님의 아들과 그의 십자가에 못 박히심에 대한 모욕으로 간주된다는 언급(6:6; 10:29)은 중요하다. 13:7-8에는 믿음의 대상으로서 그리스도에 대해 초점을 맞춘 동일한 함축을 찾아볼 수 있다. 본문에서 그들을 인도하는 자들의 믿음을 본 받으라는 권면

---

135) Barnabas Lindars, "The Rhetorical Structure of Hebrews," *New Testament Studies* 35 (1989): 386 n. 4. Hurst는 바울과 히브리서가 이 점에서 별 차이가 없다고 말한다(*Epistle to the Hebrews*, 119-24).
136) Hurst, *Epistle to the Hebrews*, 119. Cf. Cullmann, *Christology of the New Testament*, 98.

에 이어지는 "예수 그리스도는 어제나 오늘이나 영원토록 동일하시니라"는 말씀은 믿음의 대상으로서 그리스도에 대한 언급이다.137)

셋째로, 히브리서는 종종 미래지향적 믿음을 지향하며, 그것을 소망과 연결하나 결코 과거나 현재적 영역을 배제하지는 않는다. 히브리서에는 미래적 관점이 보다 두드러지지만, 위에서 살펴본 대로 과거 그리스도의 사역은 본 서신의 여러 곳에 함축되어 있다. 또한 히브리서는 몇 가지 동족어 개념을 사용하여 현재 지향적 믿음에 대해 언급한다. 예를 들어, 확신과 담대함은 히브리서의 믿음과 밀접하게 연결되어 있으며, 현재적 믿음의 영역에 대해 매우 생생하게 묘사한다(cf. 3:14; 4:16, 10:19; 11:1). 그러나 히브리서의 믿음은 일반적으로 미래지향적이다. 왜냐하면 본 서신의 믿음은 종종 하나님의 미래적 축복의 약속에 대한 신앙에 초점을 맞추기 때문이다(cf. 4:1-11; 6:11-20; 10:22-23; 특히 11:1, 8-19). 이것 역시 왜 믿음이 자주 소망과 연결되는지를 설명해 준다. 이러한 예는 3:6, 12; 6:11-12; 10:22-23에서 볼 수 있다. 믿음에 관한 묘사로 가장 잘 알려진 본문은 11:1이다: "믿음은 바라는 것들의 실상이요 보지 못하는 것들의 증거니." 이러한 미래 지향성은 고난 중에 있는 사람들에게 기록된 서신에서는 불가피했을 것이다. 그들로 하여금 참고 견디며 보다 나은 미래에 대한 하나님의 약속을 의지하라는 권면은 이런 상황에서는 매우 자연스럽고 성경적인 것이다.

(2) 순례자로서 그리스도인의 삶

믿음의 미래 지향성과 보이지 않는 실체에 대한 확실성(11:1)은 그리스도인의 삶에 대한 히브리서의 관점에서 뚜렷이 드러나는 또 하나의 주제, 즉 나그네 또는 순례자에 관한 모티브로 쉽게 전환되게 한다.138) 이 개념은 11장에 인용된 믿음의 사례들 가운데 여러 곳에서 나타난다. 장차 기업으로 물려받을 땅으로 가라는 부르심을 받은 아브라함은 하나님께 순종하여 갈 바를 알지 못하고 나아갔다(11:8-10). 아이러니하게도 그는 약속의 땅에서 나그네로 살았으

---

137) Hurst, *Epistle to the Hebrews*, 119-20.
138) Käsemann, *The Wandering People of God*, 17-48; and Thompson, *The Beginnings of Christian Philosophy*, 76-77.

며 자신의 무덤이 될 땅밖에 소유하지 못하였다. 그러나 그는 하나님께서 그를 위해 준비하신 영원한 성을 바라보았다. 모든 믿음의 백성들은(13-16절) 이 땅에서 스스로 외국인과 나그네로 살았으며, 비록 평생 동안 완전한 성취를 맛보지 못하였으나 하늘의 본향을 사모하며 살았다. 다른 믿음의 사람들은 이 땅에서 박해를 받고 위험을 피해 유리하며 살았으나 이 세상에 아무런 미련도 갖지 않았다(37-38절). 비록 눈에 보이는 세상에서 어려움에도 불구하고, 믿음의 사람들은 보이지 않는 하나님의 약속의 실상을 바라보며, 어떠한 외부적 환경에도 불구하고 그가 함께 하심을 확신하였다(1, 6절).

약속의 땅에서 믿음으로 여행하는 순례자로서 하나님의 백성들에 대한 개념은 히브리서의 남은 부분에 더욱 암시적으로 반영된다. 이것은 개척자(*archēgos*[주], 2:10; 12:2)와 선구자(*prodromos*[앞서 가신], 6:20) 및 아들과 자녀의 모티브(2:5-18)로서의 예수님의 이미지와 연결된다. 그리스도는 앞서 가셔서 순종과 믿음의 길을 열어 놓았으며, 그리스도인들은 그의 길을 따르라는 권면을 받고 있다. 여기는 하나님의 백성들이 죄 많은 세상에서 받는 고난도 포함되나 그리스도인은 인내로 경주하며 앞서 가셔서 하나님께로 가는 길을 열어놓으신 예수님을 믿음으로 바라보아야 한다(6:20; 12:1-2). 예수님과 마찬가지로 그리스도인들에게 있어서도 순례자의 전형은 고난 후의 영광과 수치 후의 존귀이다(2:9; 12:2). 이와 같이 하나님 아들을 통해 "많은 자녀들을 영광으로 이끄신다." 예수님은 그들과 동일한 인성을 취하시고, 그들을 위해 고난을 받으시고 돌아가셨으며, 온 인류를 위해 마귀에게 승리하셨기 때문이다(2:9-18).

그리스도인들은 이스라엘의 광야 여정과 같이 하나님의 안식에 대한 약속(4:1-11)의 성취를 향해 여행하는 자이다. 이 안식은 그리스도인들에게 성취되지 않은 약속으로 남아 있으며, 그들은 믿음으로 이 안식에 들어가야 한다(4:1, 3, 6, 11). 이 여정에서 그들은 예수 그리스도를 따르는 자들에 대한 하나님의 끊임없는 축복과 미래적 약속에 비해 세상에 대한 충성과 소유는 무가치한 것으로 여겨야 한다(10:34; 13:13-14).

4) 섬김과 공동체

그리스도인의 삶과 관련된 히브리서의 마지막 교훈은 기독교 공동체의 중요성에 대한 관심이다. 서로에 대한 상호 관심과 도움은 신자들이 연약과 고난에 처했을 때 특히 중요하다.139)

(1) 상호 관심과 권면

다른 신약성경과 마찬가지로 히브리서도 그리스도인의 삶은 다른 신자들과 떨어져 살 수 없다고 말한다. 그리스도인들은 서로 돕고 격려하라는 권면을 끊임없이 받으며, 특히 박해와 시험에 직면하여 더욱 그러해야 한다.

3장의 경고적 본문은 이러한 상호 협력적 관점에 대해 독자들에게 서로 관심을 가지라고 촉구한다: "형제들아 너희가 삼가 혹 너희 중에 누가 믿지 아니하는 악심을 품고 살아 계신 하나님에게서 떨어질까 염려할 것이요 오직 오늘이라 일컫는 동안에 매일 피차 권면하여 너희 중에 누구든지 죄의 유혹으로 강퍅케 됨을 면하라" (3:12-13).140) 믿음의 공동체에 대한 섬김은 그리스도인이 시험을 견디며 하나님께서 약속하신 안식에 들어가기 위한 과정에서 겪는 필수적인 요소이다.

동일한 필요성에 대한 보다 긍정적인 본문은 10:24-25에 제시된다(굳게 붙들라는 경고도 함께 제시된다): "서로 돌아보아 사랑과 선행을 격려하며 모이기를 폐하는 어떤 사람들의 습관과 같이 하지 말고 오직 권하여 그날이 가까움을 볼수록 더욱 그리하자." 그리스도인은 자신의 사정뿐만 아니라 동료 신자들을 돕기 위해 세심한 주의와 관심을 기울여야 하며,141) 그들로 하여금 그리스도의 성품과 섬김을 배우도록 권면해야 한다. 이러한 상호 협력은 이들 구절이 제시하는 대로 정기적으로 모여 공동체 내에서 서로의 삶에 대해 교제

---

139) Cf. Milligan, *Theology of Hebrews*, 185-86; Käsemann, *Wandering People of God*, 21-22.
140) 히브리서 12:15에도 동일한 내용이 발견된다.
141) 히브리서 10:24의 동사(*katanoōmen* ["돌아보아"])는 3:1의 동사(*katanoēsate*[생각하라])와 동일하다.

를 가짐으로만이 가능하다. 공동체가 수행하는 또 하나의 방식은 12:1-2에 나타난다. 본문에서 구약성경의 증인들이나 예수님은 하나님에 대한 신앙의 모범으로 제시된다. 이것은 시험과 고난에도 불구하고 믿음으로 살며 죄와 대적한 다른 사람들로부터 오는 강력한 자극을 보여준다(cf. 13:7-8).

(2) 섬김과 예배

히브리서는 또한 그리스도인들에게 사랑으로 다른 사람들을 섬기며, 하나님께 전심을 다해 예배해야 할 필요성에 대해 강력히 증거한다. 박해와 시험이 있다고 해서 자신의 안일만 생각하거나 감사하지 않는 삶을 살 수는 없다.

그리스도인의 섬김에 대한 주요 가르침은 히브리서의 마지막 장에 언급된 일련의 호소에서 드러난다.[142] 일부는 모든 그리스도인의 삶에 적용되는 일반적인 내용이지만, 대부분은 독자들이 처해 있는 특별한 상황을 반영하고 있다. 여기에는 형제적 사랑, 대접, 갇힌 자와 박해 받는 자에 대한 보호, 물질적 만족, 이단과 대적에 직면하여 영적 안정을 얻음 등에 관한 내용이 언급되어 있다(13:1-14). 이 모든 것들은 특별히 어려움을 겪고 있는 공동체에 필요한 것이다. 그러나 본문은 그리스도인들이 자신의 욕심이나 이기적 사고에 사로잡히지 말고 다른 사람을 돌보고 그들의 유익을 구해야 한다는 점을 보여주고 있다. 저자는 고난 가운데 처한 독자들에게 이러한 반응을 촉구한다. 그는 이미 그들에게 자비롭고 신실하신 대제사장이신 예수님의 본을 제시한 바 있다. 독자들은 다만 먼저 가신 그 분의 사랑과 희생을 따라가기만 하면 된다(cf. 2:9-18; 4:14-5:10).

예배는 다른 사람에 대한 섬김과 자연스럽게 연결된다. 히브리서 13:15-16은 "이러므로 우리가 예수로 말미암아 항상 찬미의 제사를 하나님께 드리자 이는 그 이름을 증거하는 입술의 열매니라 오직 선을 행함과 서로 나눠주기를 잊지 말라 이 같은 제사는 하나님이 기뻐하시느니라"고 말한다. 다

---

[142] 본문에 언급된 주제들 가운데 상당수는 앞에서 독자들의 과거적 행동에 대한 칭찬으로 이미 제시되었다. 히브리서 6:9-12 및 10:32-34를 참조하라.

른 사람을 섬기는 은혜는 예배를 구성하는 하나님의 위대하심과 선하심에 대한 찬양과 연결된다.[143] 둘 다 사리사욕과 자기만족을 버릴 것을 요구한다. 히브리서는 이들이 그리스도인의 성품의 핵심적 본질임을 보여준다.

13장과 함께 히브리서에는 예배에 대한 내용이 여러 곳에 나타난다. 예배에 대한 기본적 태도는 아들이자 대제사장으로서 예수님에 대한 끊임없는 초점에 반영된다. 지상에서의 생애와 희생적 죽음을 통해 예수님은 인류를 위한 하나님의 계획을 성취하셨다. 히브리서는 독자들에게 예수를 생각하고, 그를 따르며, 그를 신뢰하라고 말한다. 오직 그만이 소망의 원천이시고 그들을 도우실 수 있다. 믿음으로 그를 바라보며 헌신하는 것은 히브리서의 핵심적인 신학적, 실천적 메시지이다.

---

143) 이러한 연결은 히브리서 10:19-25에서도 볼 수 있다. 본문은 예배로 하나님께 나아감에 있어 거룩함과 함께 다른 성도들과의 관계의 중요성을 언급한다.

제2장
야보고서의 신학
A Theology of James

야고보서는 실제적인 그리스도인의 삶에 관한 호소로 잘 알려져 있으며, 또한 그것으로 인해 많은 사랑을 받고 있다. 이것은 본서의 신학 때문은 아니다. 사실, 한 유명한 주석가는 야고보가 "아무런 '신학'도 가지고 있지 않다"고 주장하였다.[1] 야고보가 다른 성경저자들과 달리 신학적 주제들을 강조하지 않은 것은 사실이다. 예를 들어, 본 서신은 예수님의 성육신이나 십자가 및 부활에 관한 분명한 언급이 없으며, 성령에 대한 언급도 특별히 없는 것으로 보인다(야고보서 4:5은 논쟁이 되고 있다). 그리스도 안에서의 새로운 삶에 관한 내용이나 교회에 관한 분명한 교리 및 역사 속에서 진행되는 하나님의 구원 계획에 관한 내용도 거의 언급되지 않는다. 야고보가 제시한 것은 권면이며, 이것은 그의 서신에 제시된 목적을 통해 살펴보아야 한다. 그는 교리적 문제를 바로 잡기 위해서가 아니라 그리스도인들로 하여금 믿는 바를 행할 것을 촉구하기 위해 본 서신을 기록하였다: "도를 행하는 자가 되고 듣기만 하여 자신을 속이는 자가 되지 말라"(1:22[NKJV]). 그러나 야고보는 실제적인 그리스도인의 삶에 대해 강조하는 한편 자신의 신학적 기초와 기독교 신학에 대한 통찰력을 제시한다.

1. 시험, 죄 및 인간의 본성

야고보서의 첫 주제는 본 서신의 여러 주요 부분에서 반복해서 다루어지고 있는 유혹, 죄, 인간의 본성이다. 이것은 분명 독자들이 직면하고 있던 상

---

[1] Martin Dibelius, *James: A Commentary on the Epistle of James*, Hermeneia, ed. Helmut Koester, trans. Michael A. Williams, rev. Heinrich Greeven (Philadelphia: Fortress, 1976), 21.

황에 의해 촉발되었다. 그들은 어려움을 겪고 있었으며 야고보는 그리스도인의 삶에 나타나는 이러한 시험의 신학적 의미에 초점을 맞추었던 것이다.

1) 시험과 유혹

그리스도인들이 이 땅에서 만나는 어려움에 대해서는 야고보서의 세 곳에서 논의된다(1:2-4, 12-15; 5:7-11). 이러한 어려움은 각 본문에서 시험과 유혹(temptation[시험]) 및 고난으로 제시된다. 이들은 신자가 시험을 경험하는 다양한 국면에 대한 이해를 돕는 중요한 요소이다. 세 본문의 공통적인 요소는 이러한 어려움에 대해 신실하게 견디라는 요구이다.

첫 번째 본문(1:2-4)에서 야고보는 독자들에게 시험(*peirasmoi*)을 만나면 기쁘게 여기라고 말한다. 신자가 어려움에도 불구하고 기뻐해야 할 이유는 하나님께서 이러한 역경을 긍정적인 방식으로 이용하시어 영적 진보를 이루기 위함이다: "이는 너희 믿음의 시련이 인내를 만들어 내는 줄 너희가 앎이라"(3절). 인내(*hypomonē*)는 온전한 그리스도인의 성품으로 인도한다: "이는 너희로 온전하고 구비하여 조금도 부족함이 없게 하려 함이라"(4절). 이러한 긍정적 결과는 야고보서에서 "시험" 또는 "유혹"(*peirasmos*)으로 번역된 이 단어의 의미를 이해하는데 도움을 준다.

*peirasmos*라는 헬라어 명사와 동족어인 동사 *peirazō* 는 신약성경에서 긍정적인 의미와 부정적인 의미의 두 가지 연관된 단어로 사용되었다. 긍정적인 의미로는 어떤 사람의 미덕을 확인하고 강화하기 위한 의도 하에 "시험, 시련, 시험하다" 등의 의미로 사용되었다. 이런 차원에서 하나님은 아브라함에게 그의 아들 이삭을 바치라고 시험해 보았다(창 22:1-12; 히 11:17). 부정적 의미로는 "유혹, 죄를 범하게 하다"라는 의미로 사용된다. 이런 의미에서 예수님은 마귀의 시험을 받으셨으며(마 4:1-11; 막 1:12-13; 눅 4:1-12), 특별히 마귀는 예수님과(마 4:3) 그리스도인들에게(살전 3:5; cf. 고전 7:5) "시험하는 자"로 불린다.[2]

---

2) Walter Bauer, William F. Arndt, and F. Wilbur Gingrich, *A Greek-English Lexicon*

*peirasmos*의 긍정적 의미는 야고보서 1:2-4에 나타난다. 하나님은 자기 백성들의 성품을 굳게 하고 강화하기 위해 그들의 삶에 역경을 허락하신다. 이 사상은 3절의 "시련"(*dokimion*)이라는 단어에 의해 강조된다("믿음의 시련이 인내를 만들어 내는 줄"). 헬라어 명사와 형용사인 *dokimion*과 *dokimos*는 어떤 것의 참됨을 밝히고 그것을 인정하기 위해 시험하는 과정을 지칭한다. 이것은 "인정하다"라는 긍정적 개념과 함께 다양하게 사용된다.[3]

그렇다면 야고보의 교훈은 죄 많은 세상에서 신자에게 닥치는 역경은 역설적으로 환영을 받아야 한다는 것이다. 이것은 고난 자체가 유익이라는 말이 아니라 하나님께서 그것을 사용하시어 자기 백성들의 성품을 시험하시고 깊게 하시며 그를 의지하는 법을 배우게 하신다는 것이다. 이와 같이 신자가 시련을 기쁨과 믿음과 인내로 받아들일 경우 그리스도인으로서의 경험은 더 이상 지적이거나 이론적이 되지 않을 것이다. 그들은 믿음(3절)과 온전한 성품(4절) 및 야고보가 본 서신에서 언급한 실제적인 순종을 드러내 준다. 바꾸어 말하면 역경에 의해 검증되지 않은 믿음은 언제나 얕고 불완전하다는 것이다. 온전한 그리스도인은 역경이 닥치더라도 말씀을 들은 대로 행하고(1:22-27), 믿은 대로 행하며(2:14-20), 아는 대로 행해야 한다(4:17).

시험과 관련된 두 번째 본문은 야고보 1:12-15이다. 본문에서 야고보의 시험에 관한 교훈은 *peirasmos*의 긍정적 의미에서 부정적인 개념으로 바뀐다. 먼저 12절에는 1:2-4의 기조를 유지하여 긍정적 의미가 다시 제시된다. "시험[*peirasmos*]을 참는 자는 복이 있도다 이것[*dokimos*]에 옳다 인정하심을 받은 후에 주께서 자기를 사랑하는 자들에게 약속하신 생명의 면류관을 얻을 것임이니라." 그러나 13-14절에는 부정적 의미에서의 시험[유혹]으로

---

of the New Testament and Other Early Christian Literature, 2d ed., rev. F. Wilbur Gingrich and Frederick W. Danker (Chicago: Univ. of Chicago, 1979), 640-41; W. Schneider and C. Brown, *The New International Dictionary of New Testament Theology* (Grand Rapids: Zondervan, 1975), s.v. "*peirasmos*," 3:798-804. Douglas Moo는 이러한 구분에 대해 "죄에 대한 내적 유혹"과 "외적 영향"으로 설명한다(*James*, Tyndale New Testament Commentaries, rev. ed. [Grand Rapids: Eerdmans, 1987], 59).

3) Bauer, Arndt, and Gingrich, *A Greek-English Lexicon of the New Testament*, 203.

바뀐다. 죄에 유혹될 때 아무도 하나님을 탓해서는 안 된다. 하나님은 이런 시험을 하지 않으신다: "하나님은 악에게 시험을 받지도 아니하시고 친히 아무도 시험하지 아니하시느니라"(14절).

하나님은 이러한 시험의 원천이 아니라는 야고보의 주장은 고대 유대교의 공통된 사상이었다. 유대교의 교훈은 하나님이 사람들을 의로 인도하시며 불순종으로 인도하지 않으신다는 것이었다. 그는 자기 백성들의 신실함이 드러나도록 인도하시나 그들을 방황하도록 이끄시지 않으신다. 시련이 있을 때에도 하나님은 그들을 순종하는 방향으로 이끄시며 "아무도 죄를 짓도록 허용하지 않으신다." [4] 만일 누군가가 시험에 빠져 포기하게 되면 그는 결코 하나님을 탓하거나 빠져나갈 방법이 없었다고 말해서는 안 된다(고린도전서 10:13에 언급된 바울의 유사한 교훈을 참조하라).

야고보서 1:14-15에 언급된 대로, 유혹이나 죄에 넘어지는 것은 하나님과 관계없으며 인간의 본성 때문이다. 이러한 사상은 다음 장에서 자세히 다루어질 것이다.

시험에 관한 세 번째 본문은 야고보서 5:7-11이다. 본문은 어려움이나 고난은 신실하게 견뎌야 한다고 말한다. 인내(hypomonē)에 관한 주제는 처음부터 이어지며, 어려움과 박해를 당할 때 인내와 오래 참음(makrothymia)을 보이라는 명령이 보충된다. 고난에도 불구하고 그리스도인들은 하나님에 대한 믿음을 잃거나 서로 원망하지 말고(9절), 그를 신뢰하며 그의 목적이 성취되기를 기다려야 한다.

본문에서 새로운 내용은 하나님의 백성들이 이 땅에서 고난이나 어려움을 만날 수밖에 없다는 것이다. 옛 선지자들이나 의로운 욥과 같이(10-11절) 그리스도인들은 어려움을 피할 수 없으며 구약성경에 언급된 믿음의 사람들처

---

4) Sirach 15:11-20, 본문의 인용문은 이 자료에서 따온 것이다.

럼 인내하고 참아야 한다. 하나님의 축복은 참고 인내함으로 그를 기다리는 자들에게 임할 것이다.

본문의 서두는 그리스도인들이 겪을지도 모르는 구체적 어려움에 대해 제시한다. "그러므로"(7절)라는 단어는 이 구절을 부한 자들에 대해 재앙을 선포한 본문과 연결한다. 그들은 품꾼들을 속이고 그들이 일한 삯을 주지 아니하며, 사치하며 쾌락에 빠져 산다. 학대와 심지어 무고한 자나 의로운 자를 죽이는 내용을 언급하고 있는 6절과의 연결은 특별히 분명하다. 하나님의 백성들은 이 세상의 부와 권력에서 벗어나 있으므로 고난을 당할 수 있다. 본 서신의 부와 가난에 관한 주제는 나중에 다룬다.

다른 성경에서와 마찬가지로 고난에 대한 교훈에는 종말론적 특징이 드러난다: 그리스도인은 이 땅에서 어려움을 겪지만 그들의 고난을 그치게 할 주의 오심을 간절히 대망한다. 그의 오심은 임박하며 따라서 그의 은혜로우신 구원이 임할 때까지 참고 견뎌야 한다(7-8, 11b절). 또한 장차 주의 심판이 있다고 하는 관점은 신자들에게 이 땅에서 자신과 다른 사람들의 행위를 평가할 수 있는 의와 긍휼의 기준을 제공한다. 이러한 내용은 야고보서 5:7-12에도 암시되어 있지만 특히 2:5-12에서 더욱 분명히 제시된다.

2) 죄와 인간의 본성

야고보서의 실제적인 강조와 함께 본서로부터 예상할 수 있는 것이지만 야고보서에는 인간의 본성과 그것에 영향을 미치는 죄의 영향력에 대한 분명한 교훈이 제시된다. 그러나 야고보가 인간의 부정적인 면만 기록한 것은 아니다. 그는 독자들에게 사람은 하나님의 형상을 따라 지으심을 받았다고 말한다(3:9). 이것은 사람의 고귀함과 가치를 주장한 것이다. 한 입으로 하나님을 찬양하는 동시에 하나님의 형상대로 지음을 받은 사람을 저주하는 것은 마땅치 않다(3:9-10). 더구나 이 땅에 사는 인간 생명의 덧없는 본질에 대해 언급한 야고보서 4:14의 교훈은 보다 중립적이지만 실제적이다: "내일 일을 너희가 알지 못하는도다 너희 생명이 무엇이뇨 너희는 잠간 보이다가 없어지는 안개니라." 따라서 신자라 하더라도 하나님의 뜻에 머물러야 하며 자랑하거나 자만해서는 안 된다.

그러나 야고보는 죄와 그것이 인간 본성에 미치는 영향력에 대해 풍성한 통찰력을 제공한다. 실제적 삶에 대한 초점과 함께 야고보는 사람과 그들의 실수에 대해 현실적 인식을 갖고 있다. 그는 "우리가 다 실수가 많으니"(3:2)라고 하였으며, 특별히 "혀는 능히 길들일 사람이 없나니"(8절)라고 외쳤다. 인간의 도덕적 실패에 대한 이러한 경향을 설명해 주는 내적 동력은 무엇인가? 야고보는 인간에 대한 가장 분명한 교훈을 통해 그것을 제시한다. 이것은 이중성("두 마음")과 악한 충동이라는 두 가지 개념에 초점이 모아진다.

인간이 두 마음을 품으려는(dipsychos) 경향이 있다는 사실은 하나님께 기도할 때 드러나는 믿음과 의심(1:5-8)과 연결하여 처음으로 분명히 제시된다. 역경 중에 있는 자는 하나님께 지혜를 달라고 기도해야 한다. 그러나 결코 의심해서는 안 되며 믿음으로 기도해야 한다. 이중적 마음은 의심하는 사람들의 마음속에 더욱 자세히 드러난다(8절). 이러한 사람들은 "바람에 밀려 요동하는 바다 물결" 같으며, "모든 일에 정함이 없는 자"이다(6, 8절). 이러한 흔들림은 내적 자아의 분열, 즉 "마음의 내적 분열"에 기인한다.[5] 의심은 이중적 마음 자체를 말하는 것이 아니라 이러한 내적 문제가 겉으로 드러난 것이다. 이런 의미에서 인간의 죄는 단순히 겉으로 드러난 행위가 때로는 선하고 때로는 악한 차원이 아니라, 내적인 온전함을 결여하여 마음과 생각의 통일을 이루지 못한 데서 기인된 것이다. 더구나 내적 확신마저 분열되었다. 따라서 인간은 그들을 이와 같은 식으로 몰고 가는 모든 종류의 영

---

[5] Oscar J. F. Seitz, "Antecedents and Significance of the Term Dipsychos," *Journal of Biblical Literature* 66 (1947): 215. Seitz는 Hermas, 1 and 2 Clement 에서 dipsychos라는 단어를 이러한 의미로 사용하였으며 랍비 문헌에서도 유사한 개념으로 사용하였다. Seitz, "The Relationship of the Shepherd of Hermas to the Epistle of James," *Journal of Biblical Literature* 63 (1944): 131-40; Wallace I. Wolverton, "The Double-minded Man in the Light of the Essene Psychology," *Anglican Theological Review* 38 (1956): 166-75.

향력에 굴복할 수밖에 없다. 이것은 1:6-8에 언급된 사람의 기도에 나타난 문제이다. 그는 하나님의 신실하심을 믿지 못하였을 뿐 아니라, "그가 정말로 구하려는 것이 무엇인지에 대한 확신이 없는 자이다."[6]

이러한 이중성은 야고보서 1장에서 하나님의 유일하심 및 불변하심과 대조를 이루며 강조된다. 그는 "변함도 없으시고 회전하는 그림자도 없으신... 빛들의 아버지"이시다(17절). 보다 직접적인 언급은 하나님은 모든 사람에게 "후히"(5절) 주신다는 언급이다. "후히"(*haplōs*)라는 단어는 유일함, 단순함, 신실함이라는 어원으로부터 나온 말이다.[7] 이 단어가 '주다'라는 의미로 사용될 경우 관대함을 의미하나, 여기에는 남김없이 전부 준다는 의미가 포함되어 있다. 하나님의 기도에 대한 응답은 그의 불변하심에 근거한다. 이것은 변함이나 분열됨이 없는 하나님의 거룩하심과 은혜의 속성 때문이다.[8] 이와 달리 인간의 속성은 불안전하고 모호하다.

인간의 도덕적 이중성은 비록 "두 마음"이라는 표현은 사용되지 않았으나 야고보서 3:9-12에 다시 한번 제시된다. 사람들은 한 입으로 하나님을 찬양하며 "사람을 저주"한다(9절). 이러한 부조화는 하나님의 다른 피조물(샘, 무화과나무, 포도나무)에게서는 나타나지 않으며, 인간에게도 마땅한 것이 아니다(10-12절). 야고보가 4:8에서 "두 마음"이라는 용어를 반복한 것은 인간이 하나님과 세상을 동시에 가까이 하려 한다는 내용(4:4)과 연결된다. 4:8에서 "두 마음"이 "죄인들"과 병행구를 이루고 있는 것은 야고보가 이것을 인간의 죄의 뿌리이자 본질로 보고 있기 때문이다.[9] 이것은 야고보가 두 마음을 가진 사람들에게 그들의 가장 본질적인 문제로서 "마음을 성결케 하라"(4:8)고 명령한 데서도 볼 수 있다.

---

6) Arthur Temple Cadoux, *The Thought of St. James* (London: James Clarke, 1944), 54-55, 59, 62 (p. 62에서 인용).
7) Bauer, Arndt, and Gingrich, *A Greek-English Lexicon of the New Testament*, 85-86.
8) 야고보서에 제시된 인간과 하나님의 대조는 Sophie Laws, "The Doctrinal Basis for the Ethics of James," *Studia Evangelica 7* [= *Texte und Untersuchungen* 126] (1973): 299-305에 잘 나타나 있다.
9) Laws, "The Doctrinal Basis for the Ethics of James," 301.

야고보가 말하는 "두 마음"의 원리는 궁극적으로 인간의 본성에 대한 또 하나의 중요한 통찰력에 근거한다. 그는 사람에게 악한 충동이 있다고 가르친다(1:13-15; 4:1-3). 이것은 사실상 인간의 본질에 대한 구약성경의 주된 가르침이나 유대 사상과 연결된다. 예를 들어, 창세기 6:5 및 8:21은 인간의 악한 경향(히브리어로 *yēṣer*)에 대해 언급한다. 때때로 구약성경에서 *yēṣer*는 긍정적 충동으로 나타나기도 하는데 이것은 마음의 근본적 체계가 신적 영향으로 선을 향할 수 있음을 보여준다(고전 28:9; 사 26:3). 그러나 주로 하나님을 대적하는 악한 경향으로 나타나며, 피조물에 대한 하나님의 주권적 구원 계획의 일부로서 허락되거나 조성된다(시 103:14; cf. 시락의 집회서 15:14). 쿰란과 중간기 및 랍비 문학에는 이와 동일한 개념이 흔히 발견된다.[10]

악한 충동에 대한 야고보의 지적(약 1:13-15)은 이것이 각자의 인격에 속한 개인적 성향으로서, 이것이 악에 대해 반응한다는 것이다. 이와 같이 유혹은 외부적 영향 때문만이 아니라 각자의 내적 욕구가 외적 유혹에 반응을 한다는 것이다. 자신의 잘못에 대해 책임져 줄 사람은 아무도 없다. 자신의 인격을 붙들고 죄로 이끄는 것은 바로 자기 자신의 악한 충동(욕심)이다(약 1:14). 이어서 세 단계로 제시되는 일련의 악이 잉태와 출생의 과정으로 묘사된다: "욕심이 잉태한즉 죄를 낳고 죄가 장성한즉 사망을 낳느니라" (1:15). 죄와 사망의 출발점은 악한 충동이다.

이 악한 욕심은 야고보서 4:1-5에서 싸움과 다툼의 원천이자 싸우는 정욕의 좌소로 다시 언급된다. 야고보서에 따르면 이와 같은 악의 외적 표현은 내적 욕심과 정욕 및 악한 충동으로부터 나와 싸움을 일으키고 행동에 영향을 주게 된다(1-3절). 이 사상은 5절에서 다시 강조된다. 본문은 해석하기 매우 어려운 구절로서, 야고보는 하나님께서 주신 영을 강력한 질투의 화신으로 묘사한다: "하나님이 우리 속에 거하게 하신 영[성령]이 강력히 시기[시기하기까지 사모]한다"(5b절 [NIV]; NEB도 유사하다).[11]

---

10) 유대적 배경에 대해서는 Joel Marcus, "The Evil Inclination in the Epistle of James," *Catholic Biblical Quarterly* 44 (1982): 606-21를 참조하라.
11) NASB와 같이 5절의 "영"을 성령으로 해석하고, 하나님을 "시기"의 주체로 해석할

그러나 본문은 그리스도인에게 악한 충동에 대한 승리의 소망, 즉 악한 충동에 필적하기 위해 하나님께서 주신 힘에 관한 단서도 제공한다. 문맥적 연결고리는 앞에 나온 본문(3:13-18)에 제시된 위로부터 난 지혜와 세상적 지혜에 관한 내용이며, 본문에서 세상적 지혜와 악한 충동은 내용적 평행을 이룬다. 이 둘의 결과는 싸움과 다툼, 시기, 무질서 등이다. 반면 위로부터 난 지혜의 열매는 성결, 화평, 관용, 양순 등과 같은 것으로서 세상적 지혜나 악한 충동과는 전혀 다른 결과를 준다. 요점은 사람이 악한 충동을 극복하기 위해서는 하나님의 지혜로 채움을 받는 것이 필요하다는 것이다. 하나님의 지혜는 삶에 대한 통찰력의 형태로 오며, 하나님의 말씀에 나타난 교훈에 근거하여 어떻게 지혜롭게 살며 그것에 순종하느냐에 달려 있다(cf. 약 1:22-25 및 구약성경 지혜서의 유사한 주제들). 야고보서 1:18 및 21이 제시하는 대로 그리스도인들은 그의 말씀을 통해 하나님으로부터 난 자들이며, 이제 말씀은 그들의 마음속에 심어졌다. 만일 그들이 진리를 받아들이고 그 말씀대로 살면 말씀의 진리가 그들 안에서 악한 충동을 대적할 힘으로 역사할 것이다. 그의 말씀 속에서 발견되는 하나님의 지혜에는 삶을 변화시키는 능력이 있으며, 이것이 악한 충동을 극복하고 하나님께서 원하시는 의의 풍성한 열매를 맺게 한다.[12]

수도 있다: "하나님이 우리 속에 거하게 하신 성령이 시기하기까지 사모한다" (RSV 는 이와 유사하며 대부분의 주석도 이 해석을 지지한다). 그러나 시기, 질투를 뜻하는 *phthonos*는 긍정적 의미의 "열심, 거룩한 질투"의 의미가 아니라 악한 의미를 가지며, 대조적인 내용 6a절도 이 해석을 뒷받침한다. Marcus, "The Evil Inclination in the Epistle of James," 608-9; Luke T. Johnson, "James 3:13-4:10 and the Topos *peri phthonou*," *Novum Testamentum* 25 (1983); 327-47; and James B. Adamson, *James: The Man and His Message* (Grand Rapids: Eerdmans, 1989), 330-33를 참조하라.

12) 많은 사람들은 야고보의 지혜에 대한 가르침과 그리스도인의 삶에서 육신의 힘을 극복하는 성령의 역할(갈 5:16-26; 롬 8:1-17)에 대한 바울의 가르침 사이에는 내용적 평행이 있다는 사실을 알았다. J. A. Kirk, "The Meaning of Wisdom in James: Examination of a Hypothesis," *New Testament Studies* 16 (1969): 24-38; Peter H. Davids, *The Epistle of James: A Commentary of the Greek Text,* New International Greek Testament Commentary (Grand Rapids: Eerdmans, 1982), 52-56를 참조하라. 고대 유대교에서는 신적 지혜와 성령이 밀접하게 연결되어 있었기 때문에 이러한 연결은 놀라운 것이 아니다. 야고보는 3:13-4:3에서 성령과 지혜를 같은 차원에서 생각한 듯하다. 그는 성령이라는 표현을 분명하게 사용하지 않았기 때문에 확신할 수는 없지만, 둘 사이에는 내용적 평행이 있음을 믿는다.

야고보서 4장은 인간의 충성과 필적하기 위해 악에 영향을 끼치는 다른 두 가지의 요소를 제시한다. 세상은 하나님을 대적하는 영향력을 행사한다. 따라서 세상과 벗하여 그것의 이기주의와 탐닉에 빠지는 자는 자동적으로 하나님을 대적하는 원수가 된다(4:4). 정결하고 더러움이 없는 경건을 위해서는 세속에 물들지 않도록 자기를 지켜야 한다(1:27). 또 하나의 외적 영향력은 마귀이다(4:7b). 그리스도인들은 그를 대적해야 한다. 야고보는 그가 이러한 저항에 직면하여 도망할 것이라는 사실을 확실하게 보장한다. 본문은 하나님 앞에 순복하고 낮아지는 것이 마귀에게 승리하는 비결이라고 말한다(4:6-10).

2. 믿음과 행위

야고보서의 가장 논쟁적인 신학적 주제는 믿음과 행위로서, 특히 바울이 로마서와 갈라디아서에서 제시하는 가르침과 대조를 이룬다. 이 문제는 야고보서 2:14-26에 분명히 언급되나 다른 본문에서도 찾아볼 수 있다.

1) 야고보서의 구원의 본질

야고보서에서 믿음과 행위의 문제를 다룸에 있어서 종종 간과하는 것이 야고보서 2:14이 제시하는 구원의 본질에 관한 문제이다. 이것은 일반적으로 영원한 구원 및 죄에 대한 정죄로부터의 구원이라고 받아들여졌다. 그러나 최근 이와 다른 주장이 강력히 제기되어 논쟁이 되고 있다.[13] 이 대안적 접

---

13) Zane C. Hodges, *The Gospel Under Siege: A Study on Faith and Works* (Dallas: Redención Viva, 1981; 2d ed., 1992); *Dead Faith: What Is It? A Study on James 2:14-16* (Dallas: Redención Viva, 1987); *Absolutely Free! A Biblical Reply to Lordship Salvation* (Grand Rapids: Zondervan, 1989), 이와 유사한 관점으로는 R. T. Kendall, *Once Saved, Always Saved* (Chicago: Moody, 1983), 207-17이 있다. Hodges의 주장을 반박한 자료는 John F. MacArthur, Jr., *The Gospel According to Jesus* (Grand Rapids: Zondervan, 1988), "Faith according to the Apostle James," *Journal of the Evangelical Theological Society* 33 (1990): 13-34, and *Faith Works: The Gospel According to the Apostles* (Dallas: Word, 1993). G. Z. Heide 역시 "The Soteriology of James 2:14," *Grace Theological Journal* 12 (1991): 69-97에서 Hodges의 주장을 반박한다.

근은 야고보서의 구원이 "유한한 생명과 그것의 보존"에 초점을 맞춘 "사망에서 육체적 생명을 건짐"이라고 말한다.[14] 하지(Hodges)는 야고보서의 구원에 관한 언급 전체에는 이 의미가 담겨 있다고 주장한다(1:21; 2:14; 4:12; 5:15, 20). 그는 "악의 사망적 결과와 의의 생명을 구원하는 효과"를 제시하면서 야고보서를 구약성경의 지혜서와 비교한다(예를 들어, 잠 10:27; 11:19; 12:28; 13:14; 19:16).[15]

야고보서의 구원에 관한 하지의 관점을 평가하기 위해 여러 흐름의 증거에 대해 살펴보아야 할 것이다. 야고보서 2:14에서 "구원하다"로 번역된 동사(sōzō)의 신약성경적 용례는 결정적이지 못하다. 이 동사는 문맥에 따라 육체적 구원과 영적 구원의 두 가지 의미로 다 사용되기 때문이다.[16] 예를 들어, 야고보서 5:15에서 이 단어는 기도를 통한 육체적 질병으로부터의 치료나 회복을 지칭한다. 그러나 육체적 질병이나 자연적 위험에 관해 언급된 본문과 관계없이 신약성경에서 "구원하다"나 "구원"이라는 단어는 주로 지옥의 정죄로부터의 구원을 의미하며, 앞으로 살펴보겠지만 이것은 야고보서 1:21; 2:14; 4:12; 5:20의 용례와도 가장 잘 부합된다.[17]

살펴보아야 할 증거들 가운데 또 하나의 중요한 흐름은 야고보서 1:21에 언급된 "영혼을 구원하다"(sōsai tēn psychēn)라는 구절의 의미이다.[18] 이것은 본 서신에서 구원에 관한 첫 번째 언급이자 중요한 주제를 도입하고 있기 때문에 2:14의 구원의 의미를 규명하는데 도움이 된다. 생명을 구원하거나 그것을 죽이거나 멸하는 내용에 대한 언급은 신약성경에서 12번 정도 등

---

14) Hodges, *Dead Faith*, 12-13. Hodges 스스로(*Absolutely Free*, p. 206) 이 책에 대해 이 문제에 관한 그의 "완전한 자료"라고 주장하였기 때문에 본서에서는 그의 최근 연구들을 보다 많이 인용할 것이다.
15) Hodges, *Dead Faith*, 12-13, 29-30; p. 12의 인용문.
16) Cf. Bauer, Arndt, and Gingrich, *A Greek-English Lexicon of the New Testament*, 798-99.
17) J. Schneider, *The New International Dictionary of New Testament Theology*, s.v. "*sōzō*," 3:216.
18) 이 구절에 대한 Hodge의 해석은 *Grace in Eclipse: A Study on Eternal Rewards*, 2d ed. (Dallas: Redención Via, 1987), 27-33에 제시되어 있다.

장한다. 여러 곳에서 이 구절은 육체적 생명을 구하거나 멸하는 내용으로 언급된다(막 3:4; 눅 6:9; 본문에는 치유적 의미가 담겨있다).[19] 그러나 다른 본문에는 영혼의 영원한 구원 또는 멸망을 지칭하는 언급으로 나타하기도 한다. 예를 들어, 요한복음 12:25에는 생명을 구하는 것이 영생과 연결되어 있으며, 마태복음 10:28은 하나님께서 영혼과 몸을 동시에 지옥에 멸하실 것이라고 경고한다.

이것은 목숨(*psychē*)과 구원에 관한 예수님의 잘 알려진 말씀(막 8:35; 마 16:25 및 눅 9:24은 병행구절이다)에 대한 해석의 키를 제공한다: "누구든지 제 목숨(*psychēn*)을 구원코자 하면 잃을 것이요 누구든지 나와 복음을 위하여 제 목숨을 잃으면 구원하리라." 본문은 예수님의 제자가 되기 위해 필요한 역설적 내용을 설명하기 위해 두 가지 의미(육체적, 영적)를 제시한다. 그를 따르기 위해서는 순교나, 이러한 궁극적 목표를 향한 자기희생을 필요로 한다. 이러한 위기에 직면하여 예수님을 부인함으로 자신의 육체적 생명을 보존할 수도 있을 것이다. 그러나 죄에 대한 정죄를 통한 영적 멸망이라는 비극적 결과를 가져오게 될 것이다. 반면에 예수님과 복음을 위해 목숨을 잃는 자는 자신의 영적 생명을 구원하고 영생을 누릴 것이다.[20] 이러한 영적 구원에 관한 언급은 베드로전서 1:9에도 나타난다. 본문에서 "영혼의 구원"은 "믿음의 결국"으로 묘사된다. 이것은 시련에 직면하여 인내로 견딘 결과로, 문맥적으로는 "말세에 나타내기로 예비하신 구원"(1:5[NASB])과 연결된다.

---

19) Hodges가 지적했듯이(*Grace in Eclipse*, 115), 이것은 헬라어 구약성경에도 나타난다. 그는 창세기 19:17; 32:30; 삼상 19:11; 욥 33:28; 시 31:7; 72:13; 109:31; 렘 48:6을 예로 제시한다.

20) John D. Grassmick, "Mark," in *The Bible Knowledge Commentary, New Testament*, ed. John F. Walvoord and Roy B. Zuck (Wheaton, Ill.: Victor, 1983), 141, 169; and Colin Brown, *The New International Dictionary of New Testament Theology*, s.v. "*sōzō*," 3:212-13. 마태복음 10:39 및 누가복음 17:33에 언급된 동일한 의미를 참조하라.

많은 사람들은 야고보의 신학적 및 윤리적 가르침은 예수님의 가르침의 영향을 강하게 받았으며, 이것을 보여주기 위해 그가 선택한 어휘들은 종종 공관복음, 특히 마태복음과 비슷하다고 말한다.[21] 그렇다면 야고보서 1:21의 "영혼의 구원"은 예수께서 언급하신 영적 구원과 같은 맥락으로 보는 것이 가장 바람직할 것이다.

따라서 궁극적인 영적 구원에 관한 약속은 야고보서 1:21에서 독자들로 하여금 이미 회심할 때 마음에 심어진(18절) 하나님의 말씀에 대한 계속적인 순종을 촉구하기 위해 제시된다. 야고보는 그들에게 이 도를 행하는 자가 되고 듣기만 하는 자가 되어서는 안 된다고 주장한다. 도를 듣기만 하는 자는 자기를 속이는 자이며 하나님의 축복을 경험하지 못한다(22-25절). 스스로 경건하다고 생각하면서 그렇게 살지 못하는 것은 단순히 자기기만의 문제이며, 이러한 경건은 자기 생각과 관계없이 헛것에 불과하다(26절). 참된 경건은 어려움에 처한 자들을 돌보며 세속에 물들지 않는 것이다(27절).

야고보는 2장에서도 동일한 사상적 기조를 유지하면서 독자들에게 예수 그리스도에 대한 믿음과 부자를 선대하며 가난한 자를 괄시하는 마음은 서로 양립할 수 없다고 말한다. 믿음으로 살기 위해서는 다른 사람에 대한 차별이 아니라 사랑이 요구된다. 야고보는 긍휼을 행하지 않는 자에게 하나님의 심판이 있을 것이라는 경고로 결론을 맺는다(2:13). 이것은 다른 사람에게 행한 대로 하나님께서 심판하실 것이라는 예수님의 경고를 반영한 것이다(마 6:12, 14-15; 18:32-35). 다른 사람을 용서하지 않은 사람은 그들에 대한 하나님의 크신 긍휼을 받을 수 없다. 심판에 대한 경고의 본문에 이어 야고보는 2:14-26에서 "구원하는" 믿음에 대해 언급한다. 이것은 1:21부터 시작된 죄에 대한 영원한 정죄로부터의 구원에 관한 내용의 연장이다. 영적 구원에 관한 내용은 4:12 및 5:20에서도 나타난다.[22]

---

21) Franz Mussner, *Der Jakobusbrief*, Herders theologischer Kommentar zum Neuen Testament 13:1, 4th ed. (Freiburg: Herder, 1981), 47-52; Davids, *The Epistle of James*, 47-50.
22) 야고보서 4:12는 분명히 마태복음 10:28의 예수님의 말씀을 암시한다: "몸과 영혼을

2) 야고보서의 믿음

야고보서에서 믿음에 대한 언급은 2장의 믿음과 행위에 관한 핵심적 본문(14-26절)에 두드러지게 나타난다. 또한 기도에 나타난 그리스도인의 믿음에 관해 다루고 있는 두 개의 다른 본문(1:6; 5:15)과 시련을 통해 자라나는 믿음에 관한 한 구절(1:3), 그리고 2장의 앞부분 두 구절(1, 5절)에도 제시된다. 마지막 두 구절은 핵심 본문으로서의 중요한 의미를 가진다. 야고보는 1절에서 그리스도인의 믿음의 초점이 "영광의 주 곧 우리 주 예수 그리스도"라고 말한다. 이것은 예수께서 십자가에서 죽으시고 부활 승천하셔서 누리고 계신 승귀적 지위에 관한 언급이다. 이 그리스도에 대한 믿음이 신자가 가져야 할 믿음이며, 이것은 다른 신약성경의 주장과 동일하다. 덧붙여 야고보는 이러한 믿음이 가난한 자에 대한 편견과 양립할 수 없다고 말한다. 특히 5절에서 야고보는 믿음으로 백성 된 자들에 대한 하나님의 주권적 역사에 대해 언급한다: "하나님이 세상에 대하여는 가난한 자를 택하사 믿음에 부요하게 하시고 또 자기를 사랑하는 자들에게 약속하신 나라를 유업으로 받게 아니하셨느냐."

중심 본문(2:14-26)에서 "믿음"이나 "믿다"라는 용어는 14번이나 언급된다. 이들은 야고보가 인정하는 믿음과 그가 부족하다고 여기는 믿음으로 나누어진다. 긍정적인 믿음에 대해 야고보는 행함으로 드러나는 믿음으로 언급한다(18절). 이것은 행함과 함께 일하며(22a절), 행함으로 온전케 된다(22b절). 이러한 믿음은 아브라함의 예에서 볼 수 있다. 그는 창세기 15:6에서 이삭을 드리는 순종을 통해 하나님의 인정을 받는 믿음을 보여주었다(23절).

부정적 믿음에 대해 야고보는 "행함이 없는" 믿음 또는 "행치 않는" 믿음(14, 17, 18, 20, 26절)이라고 반복해서 언급한다. 이것은 믿음 "그 자체"만을 지칭하는 것으로 "오직 그것으로만" 기능한다(17, 24절). 야고보는 아이러니하게도 이 믿음을 마귀의 믿음과 비교한다. 마귀는 교리적으로 정확한 고백(하나님은 한 분이시다)을 하지만 그의 행동은 정죄를 두려워하며 떤다

능히 지옥에 멸하시는 자를 두려워하라'(NASB). Cf. Ralph P. Martin, *James*, Word Biblical Commentary (Waco, Tex.: Word, 1988), 164, 219-20.

(19절[NASB]). 야고보는 이러한 믿음에 대해 아무런 유익을 주지 못하는 헛된 것이라고 선언한다(14, 16, 20절). 이것은 "죽은" 믿음이다(17, 26절). 야고보의 언급 가운데 더욱 중요한 것은 14절에서 그가 논쟁을 시작하는 방식이다. "만일 사람이 믿음이 있노라 하고." 이것은 사람이 가지고 있다고 고백한 믿음이다. 이러한 묘사에서 야고보는 그가 실제로 믿음을 가지고 있다는 언급은 피한다. 이것은 단순히 믿음에 대한 주장으로, 본문에 제시된 대로 평가되어야 한다. 이 믿음은 사랑과 순종의 삶을 살 수 있는가 그렇지 못한가?

이것은 본문에서 야고보의 교훈을 이해하기 위한 중요한 초점이다. 그는 사람이 가지고 있다고 주장한 믿음에 초점을 맞추어 이 논쟁을 시작한다. 이 논쟁의 주제 문장이라고 할 수 있는 14절은 믿음의 고백에 대한 문제를 다룰 것임을 보여준다.[23] 이것은 물론 야고보가 1:22, 25-26에서 다루기 시작한 종교적 자기기만에 관한 주제와 자연스럽게 연결된다. 말씀을 들어도 행하지 않는 자나 "스스로 경건하다고 생각하며"(1:26) 그렇게 살지 않는 자는 자기를 속이는 자이며 자신의 주장과 달리 참으로 경건한 자가 아니라는 것이다. 이와 유사한 구분은 외적 고백이나 자랑과 실제적인 진리의 문제는 다르다는 3:13-16에 제시된다.

따라서 2:14-26에 언급된 행함이 없는 믿음이나 행치 않는 믿음, 그것 자체만으로 기능하는 믿음, 쓸모없고 유익을 주지 못하는 믿음, 그리고 죽은 믿음 등은 모두 서두의 전제에 비추어 생각해야 한다.[24] 이러한 믿음은 그들의 주장과 달리 진정한 믿음이 아니다. 야고보에 따르면 그들의 주장은 잘못

---

23) C. E. B. Cranfield, "The Message of James," *Scottish Journal of Theology* 18 (1965): 338-42; John Calvin, *Institutes of the Christian Religion*, The Library of Christians Classics, ed. John T. McNeill, trans. Ford Lewis Battles (Philadelphia: Westminster, 1960), 3.17.11., 815.
24) 이 점에서 이 죽은 믿음이 영원한 구원을 보장하며 어떠한 정죄로부터도 구원한다는 Hodges (*Dead Faith*, 11-15)의 주장은 본문과 부합되지 않는다. 야고보가 아무런 유익도 주지 못하고 쓸모없으며 죽은 믿음이라고 말한 것은 그것에 행함이 결여되어 있어 죄로부터의 구원을 보장할 수 없기 때문이다.

된 것이다. 이러한 자는 거짓말 하는 자이며 그의 경건은 헛것이다. 14절은 이들의 가장 비극적인 종말을 보여준다. 그것은 죄에 대한 영원한 정죄로부터 구원할 수 없다. 13절에서 제시하듯이 이들에게는 긍휼 없는 심판만 기다리고 있을 뿐이다.

믿음을 "죽었다"(17, 26절)고 표현한 것은 야고보가 14절에 제시한 거짓으로 고백한 믿음의 체계와 동일한 것으로 이해할 수 있다. 그것은 한 때는 살았으나 지금은 생명력을 잃었다는 뜻이 아니라 원래부터 생명이 없었으며, 그들이 주장하는 믿음은 진정한 생명이 아니었던 것이다. 26절의 몸에 대한 비유 역시 야고보 자신이 제시한 주제와 같은 맥락에서 해석되어야 한다.[25] 이것은 "죽었다"는 표현이 17절에서 문맥적으로 규명되어 가는 방식에서도 확인된다. 행함이 없는 믿음은 이익을 주지 못하고(14, 16절), 구원하지도 못하며(14절) 헛것이다(20절). 죽은 믿음은 외적 주장에도 불구하고 믿음의 마땅한 결과가 나타나지 않는다. 마찬가지로 영혼이 없는 몸도 겉으로 보기에는 멀쩡하나 사실상 죽었으며 진정한 생명의 표식이 나타나지 않는다.[26]

3) 믿음과 행위의 관계

야고보가 행함이 수반된 믿음에 대해 언급하였을 때 그는 어떤 의미로 그렇게 말하였으며(2:14-16), 또한 행함과 믿음은 어떤 관계에 있는가? 본문에는 행함의 본질이 불쌍한 자에 대한 자비의 행위로 제시된다(2:15-16). 이와 같이 자비와 친절을 베푸는 행위는 이미 1:27에서 참된 경건을 보여주는 증거 가운데 하나로 제시되었으며, 이웃을 향한 사랑의 법과 관련해서는 2:8-13에서 그리스도에 대한 믿음에 수반되는 적절한 행위(사람을 외모로 취하

---

25) 2:14-26에 대해 26절의 몸에 대한 유추로 시작하는 Hodges의 접근 방식(*Dead Faith*, 7-9)은 본문의 의미를 왜곡한 것으로, "만일 사람이 믿음이 있노라 하고"로 시작되는 믿음에 관한 야고보의 논쟁에 대한 해석을 포기한 것이다. 본문은 거짓 고백된 믿음에 관해 다룬다고 하면서도 "야고보서에는 그러한 해석을 뒷받침하는 본문이 없다"고 말한 Hodges의 언급(pp. 9-10; p. 20)은 잘못이다. 본문은 실제로 이 전제로부터 시작한다.

26) Cf. Cranfield, "The Message of James," 342; Adamson, *James: The Man and His Message*, 296 n. 150.

는 것이 아니다(2:1, 9])로 제시된 바 있다. 그러나 비록 사랑과 자비의 행위가 중요하기는 하지만 야고보가 생각하고 있는 '행위'의 전부는 아니다.[27] 아브라함과 라합의 예(2:21-25)는 하나님에 대한 순종과 헌신의 행위 역시 이러한 행위에 해당된다는 것을 보여준다. 자기 절제나 겸손 등과 같은 그리스도인의 기본적인 특성도 마찬가지이다(cf. 1:26; 3:2, 13, 17-18).

그러나 이러한 행위들을 열거한 중요한 이유는 야고보가 이들을 축복을 얻는 수단으로서가 아니라, 그리스도 안에서의 새로운 삶과 참 믿음의 표현 또는 역사하심으로 보았다는 것이다. 이들은 믿음을 나타내 보여주며(2:18), 믿음을 보완하고 완전하게 하며(2:22-23), 신자들을 말씀으로 낳으실 때 하나님에 의해 심긴 말씀의 도를 따라 살게 한다(1:18-21).

이것이 야고보가 묘사한 행위와 바울이 갈라디아서와 로마서에서 언급한 행위 사이의 핵심적 차이이다. 다시 말하면 양자간의 차이점은 회심 이후의 행위이냐 회심 이전의 행위이냐의 차이이다.[28] 야고보는 참된 믿음은 반드시 사랑과 순종의 행위로 나타난다고 주장한다. 바울은 어떤 행위도 하나님의 의나 은혜를 얻을 수 있는 근거가 되지 못한다고 주장한다(갈 2:16; 롬 3:28; 10:1-8).[29] 그러나 바울이 참 믿음의 표현으로서 거룩을 요구한 것이나(롬 6:22; 갈 5:6; 엡 2:8-10; 빌 1:11),[30] 야고보가 구원을 인간의 공로로 돌리지 않고 하나님의 주권적인 은혜로 본 것(1:17-18, 2:5, 12-13) 등은 양자간의 조화를 분명히 보여준다.[31]

---

27) Moo, *James*, 102.
28) Ibid., 46. 야고보와 바울은 단지 다른 관점에서 보았을 뿐이지만 서로 보완적인 기능을 한다.
29) Moo가 주장하였듯이(*James*, pp. 44-46, 101-2), 양자간의 차이는 결코 자기 의나 율법적 행위(바울)와 사랑의 행위(야고보)의 차이가 아니다. 비단 자기 의나 율법적 행위만이 구원을 주지 못하는 것은 아니다. 어떠한 인간의 행위도 구원에 합당하거나 그것을 성취할 수는 없는 것이다. Douglas J. Moo, "'Law', 'Works of the Law,' and Legalism in Paul," *Westminster Theological Journal* 45 (1983): 84-90를 참조하라.
30) Leonhard Goppelt, *Theology of the New Testament*, trans. John E. Alsup, ed. Jürgen Roloff, 2 vols. (Grand Rapids: Eerdmans, 1982), 2:209-10.
31) George Barker Stevens, *The Theology of the New Testament*, 2d ed. (Edinburgh: Clark, 1918), 286-87.

4) 야고보서에서의 칭의

여기서 해결해야 할 마지막 이슈는, 특히 바울의 용례와 비교한 야고보서 2장의 칭의의 개념이다. 바울과 야고보가 가장 차이를 보이는 곳도 이 부분이다. 두 평행구의 의미는 서로 상반된 듯하다.

"그러므로 사람이 의롭다 하심을 얻는 것은 율법의 행위에 있지 않고 믿음으로 되는 줄 우리가 인정하노라"(롬 3:28[NASB]). "만일 아브라함이 행위로써 의롭다 하심을 얻었으면 자랑할 것이 있으려니와 하나님 앞에서는 없느니라"(롬 4:2[NASB]). "우리 조상 아브라함이 그 아들 이삭을 제단에 드릴 때에 행함으로 의롭다 하심을 받은 것이 아니냐"(약 2:21). "이로 보건대 사람이 행함으로 의롭다 하심을 받고 믿음으로만 아니니라"(약 2:24).

이들 구절을 조화시키기는 쉽지 않으나, 해석의 기초는 이미 앞에서 다룬 믿음과 행위에 관한 내용에서 제시되었다. 이런 점에서 회심 전 행위와 회심 후 행위의 구분은 중요하며, 이것은 또한 두 저자의 다른 차이점을 보여준다. 바울은 법정적 용어를 사용하여 행위가 죄인을 의롭다 하시는 하나님의 주권적 선포 행위에 어떠한 기여도 할 수 없다고 주장한다. 이러한 칭의는 그리스도를 믿는 자의 노력과 상관없이 오직 하나님의 철저한 은혜의 선물에 의해 완성된다(롬 3:20-26). 야고보는 행위가 이미 의롭다하심을 받은 자들을 통해 믿음의 결과로 나타나는 열매라고 주장한다. 이것은 야고보서 2:21, 23에 언급된 아브라함의 칭의에서 볼 수 있다. 그는 이삭을 번제로 드렸을 때 행함으로 의롭다하심을 받았으나(21절), 이것은 아브라함이 이미 하나님을 믿었으며 그의 믿음이 의롭다고 인정된 사실이 이루어진 것일 뿐이다(23절[응하였고]).[32] 그러나 이 칭의의 본질에 대해서는 더 살펴보아야 한다.

야고보서 2장에 언급된 칭의를 해석하기 위한 한 가지 방법은 그것을 최종적 칭의로 해석하는 것이다. 즉 미래적 심판에서 드러나는 "신자의 의에

---

32) G. C. Berkouwer, *Faith and Justification*, trans. Lewis B. Smedes (Grand Rapids: Eerdmans, 1954), 129-39, 특히 135-36.

대한 하나님의 궁극적 선언"으로 보는 것이다.33) 이것은 아마도 예수님의 가르침(마 12:36-37)에서 그 배경을 찾을 수 있을 것이다. "내가 너희에게 이르노니 사람이 무슨 무익한 말을 하든지 심판 날에 이에 대하여 심문을 받으리니 네 말로 의롭다 함을 받고 네 말로 정죄함을 받으리라." 하나님은 심판의 시점에서 자기 백성들의 의를 확인할 것이다. 그들은 그의 은혜로 의롭다함을 받고 성화된 자들이다. 이러한 해석은 24절의 일반적 언급과도 잘 부합된다. 그러나 특정한 역사적 상황에서 "의롭다함을 받은" 아브라함과 라합에 대한 묘사와는 맞지 않는다. 이것은 마지막 심판으로 보기 어려우며 야고보는 이것과 최종적 칭의와의 연결에 대해서는 분명히 언급하지 않는다.34)

본문에 언급된 칭의를 이해하기 위한 가장 좋은 방법은 하나님 앞에서 의롭게 서 있는 모습에 대한 묘사로 보는 것이다. *dikaioō*는 종종 "인정하다, 의를 나타내다"(롬 3:4; 딤전 3:16)라는 의미로 사용된다.35) 이 점에서 아브라함의 순종과 라합의 친절은 그들의 선행을 드러내 보여준다.36) 이것은 역사적 예증과 더욱 잘 부합된다. 또한 이것은 야고보서 2:24에 언급된 일반적 내용과도 잘 부합된다. 한 개인이 의롭게 서 있는 모습은 자신의 믿음뿐만 아니라 사랑과 순종의 행위에 의해 다른 사람들이 볼 수 있도록 드러난다. 이러한 해석은 2:14-26에서 주로 다루고 있는 참 믿음과 거짓 믿음에 대한 주제를 강조한다.

---

33) Joachim Jeremias, "Paul and James," *Expository Times* 66 (1954-55): 370-71; Bo Reicke, *The Epistles of James, Peter, and Jude*, The Anchor Bible (Garden City, N.Y.: Doubleday, 1964), 34-35; Davids, *The Epistle of James*, 132; and Moo, *James*, 109-11.
34) Robert V. Rakestraw, "James 2:14-26: Does James Contradict the Pauline Soteriology?" *Criswell Theological Review* 1 (1986): 39-42에 논의된 내용을 참조하라. 그는 칭의와 관련하여 개인이 세상에서 행한 의에 대한 하나님의 인정 또는 선언이라고 말한다.
35) Bauer, Arndt, and Gingrich, *A Greek-English Lexicon of the New Testament*, 197-98; and Gottlob Schrenk, *Theological Dictionary of the New Testament*, trans. and ed. Geoffrey W. Bromiley (Grand Rapids: Eerdmans, 1964-76), s.v. "*dikaioō*," 2:213-14.
36) Calvin, *Institutes of the Christian Religion*, 3.17.12, 816-17; Colin Brown, *The New International Dictionary of New Testament Theology*, s.v. "*dikaiosynē*," 3:370; and Donald Guthrie, New Testament Theology (Downers Grove, Ill.: InterVarsity, 1981), 506.

3. 야고보서의 율법과 말씀

라이리(Ryrie)는 야고보의 신학이 특별히 "말씀에 대한" 신학이라고 말한다.[37] 이것은 야고보가 성서학에 대해 집중적으로 다루었기 때문이 아니라 그리스도인의 영적 출생과 성장에 있어서 하나님의 진리의 말씀이 실제적인 면에 있어서 얼마나 중요한지를 강조하였기 때문이다. 또한 본 서신은 예수님의 가르침과 함께 구약성경에 대한 암시와 인용으로 가득하다. 말씀은 그리스도인의 실천적 삶에 대한 야고보의 호소는 이러한 말씀으로 풍성하다.

율법과 하나님의 말씀은 함께 다루어져야 한다. 그것은 야고보 자신이 이들을 밀접하게 연결하고 있기 때문이다. 이것은 1:18-25에서 볼 수 있다. 본문에서 야고보는 신자의 영적 출생에 대해 "진리의 말씀으로"(18절) 낳았다고 말한다. 이것은 참된 메시지인 그리스도에 관한 복음에 대한 언급으로, 신자들은 회심을 통해 그것을 받아들였던 것이다(cf. 2:1). 이러한 강조와 함께 야고보는 본 서신을 통해 신자는 이러한 영적 지위에 함축된 내용에 따라 살아야 한다고 강조한다. 그들은 행함으로 마음에 "심긴 도"(1:21)를 겸손히 받아들여야 한다. 그들은 교훈을 듣는 데 빨라야 한다(19절). 그러나 교훈을 듣는 것으로 그쳐서는 안 되며 그것을 행하여야 한다(22절). 거울을 들여다보는 자는 그가 본 것을 즉시 잊는다는 비유는 말씀대로 살고 그것을 듣기만 하지 말라는 강조이다.

그러나 "말씀"에 대한 네 가지의 언급 후에 야고보는 거울 비유를 새로운 표현으로 대치한다. 즉, "자유케 하는 온전한 율법"은 그것을 자세히 살펴보고 실행하는 자에게 복을 준다고 설명한다(25절[NKJV]). 야고보는 진리의 말씀과 자유케 하는 온전한 율법을 평행구로 제시하나 양자간의 정확한 관계는 좀 더 살펴보아야 한다.

---

[37] Charles Caldwell Ryrie, *Biblical Theology of the New Testament* (Chicago: Moody, 1959), 136.

야고보서 1:25의 "자유케 하는 온전한 율법"은 야고보가 율법을 언급하는 뚜렷한 패턴을 보여준다. 율법에 관한 첫 번째 두 언급에서 그는 중요한 설명적 구절을 덧붙인다. 즉 "자유케 하는 온전한 율법"(1:25; cf. "자유의 율법"[2:12])과 "최고한 법"(2:8)이다. 이것은 야고보가 모세 율법만을 염두에 두고 있지 않았다는 것을 보여준다. 그는 심지어 이 법을 구약성경의 율법과 구분한다.[38]

야고보서 1:25의 율법과 새로운 삶을 살게 하는 '마음에 심긴 도'와의 관계에 대한 묘사는 야고보의 의도에 더욱 가까이 접근하게 한다. 미턴(Mitton)은 새 언약에 대한 약속(렘 31장)을 제시한다. 야고보서 1:25의 율법은 하나님의 백성들 속에 심어진 것으로, 겉으로 드러나지 않고 마음에 기록되었다(렘 31:33). 그것은 하나님의 구원 계획의 절정의 일부라는 점에서 완전하다(teleios). 그것은 하나님에 대한 개인적 지식과 완전한 죄사함을 제공하는 사역을 완성한다(렘 31:32, 34). 이와 같은 "자유의 율법"은 사람들을 죄에서 풀어주고 하나님의 명령을 순종할 수 있는 내적 동력을 제공한다.[39]

율법에 관한 야고보의 다른 묘사는 2:8에서 발견된다. 그는 본문에서 "경에 기록한... 최고한 법"을 지키기를 요구하며, "네 이웃 사랑하기를 네 몸과 같이 하라"는 레위기 19:18의 명령을 인용한다. "최고한"(basilikos)이라는 말은 처음에는 모호하게 들리지만 야고보서 2:5에 언급된 "나라"(basileia)는 이 말의 뜻을 규명하는데 도움을 준다. 야고보는 이 법이 '나라' 및 '왕'과 관련되었음을 언급하고 있다.[40] 이러한 의미에 사랑하라는 명령에

---

38) W. Gutbrat, *Theological Dictionary of the New Testament*, s.v. "*nomos*," 4:1081; and M. J. Evans, "The Law in James," *Vox Evangelica* 13 (1983): 34.
39) C. Leslie Mitton, *The Epistle of James* (London: Marshall, Morgan & Scott, 1966), 71-74; Goppelt, *Theology of the New Testament*, 2:203-4. 이런 의미에서 "자유를 주는" 율법(NIV)은 바울의 말하는 속박하는 율법(갈 4:21-5:1)과 모순 되지 않는다. 대신에 이것은 그리스도 안에 있는 자유에 관한 말씀을 사랑으로 역사하는 믿음이나 이웃에 대한 사랑으로 모든 법을 성취하는 내용으로 보완한다.
40) Luke T. Johnson, "The Use of Leviticus 19 in the Letter of James," *Journal of Biblical Literature* 101 (1982): 400-401; Moo, *James*, 49.

대한 강조가 더해진다. 예수님은 하나님과 이웃을 사랑하는 것이 율법의 요약이자 핵심이라고 하셨기 때문이다. 그러나 "왕의 법"은 전혀 새로운 법이 아니라 구약성경의 명령에 포함된 것임을 알아야 한다(십계명 및 레위기 19장). 물론 여기서 말하는 법은 윤리적 원리나 마음의 태도에 강조점이 있다.[41]

야고보가 이와 같은 방식으로 율법과 예수님을 연결했다고 한다면 1:25에 언급된 온전한 율법의 의미는 보다 구체적으로 드러나게 된다. 야고보도 잘 알고 있는 산상수훈에서[42] 예수님은 그리스도인들이 레위기 19장에 언급된 내용과 같이 이웃을 사랑해야 한다고 가르치셨다. 그러나 예수님은 이와 함께 원수도 사랑하라는 확장된 교훈을 주신다(마 5:43-47, 눅 6:27-36). 이것은 하늘의 아버지가 온전하심 같이 너희도 온전하라는 말씀(5:48)과도 관련된다. 예수님은 율법이나 선지자를 폐하러 온 것이 아니라 그것을 완성하기 위해 오셨다는 말씀과 율법의 계명을 지키는 자는 하늘에서 크다 일컬음을 받을 것이라는 말씀(마 5:17-20)으로 산상수훈(마 5-7장)을 시작하신다. 그러나 율법에 대한 보증과 자신이 율법을 완성하실 것이라는 말씀에도 불구하고 예수님은 율법의 핵심으로서 사랑에 초점을 맞추어 율법의 의미를 재해석하고 자신의 권위로 그것을 능가하신다(마 5:21-48; 7:12; 12:8; 22:34-40).[43]

따라서 야고보가 말한 "자유케 하는 온전한 율법"이나 "사랑에 초점을 맞춘 최고한 율법"은 곧 예수 그리스도가 가르치고 완성하신 구약성경의 윤리를 의미한다.[44] 이것은 구약성경을 예수님의 가르침을 통해 재해석한 것으로, 그가 제공하신 구원에서 절정을 이룬다.[45] 또한 이것은 이와 같은 방

---

41) Johnson은 야고보가 광범위한 본문에 다양하게 언급된 구체적 명령들 가운데 레위기 19:18을 사랑의 법에 대한 설명으로 제시하고 있음을 보여준다("The Use of Leviticus 19 in the Letter of James," 394-400).
42) Davids는 본 서신과 마태복음 5-7장과 관련하여 25개의 병행구를 제시한다(*Epistle of James*, 47-48).
43) 마태복음에 언급된 율법과 예수님에 관해서는 Douglas, J. Moo, *Dictionary of Jesus and the Gospels* (1992), s.v. "Law," 458-59를 참조하라.
44) 야고보는 예수님의 삶과 가르침에 대한 연결에 대해 분명히 언급하지 않았기 때문에 이것은 하나의 시험적인 주장이기는 하나 가장 바람직한 해석이다. 유사한 단서에 대해서는 Evans, "The Law in James," 36-37를 참조하라.

식으로 복음의 메시지, 즉 하나님이 은혜로 주셔서 새로운 삶을 살게 하신 진리의 말씀과 평행을 이룬다(1:17-18, 21-25). 이러한 연결로 말미암아 자유의 율법은 그리스도인들을 심판하는 근거로 인용되었다(2:11-12). 그들이 그리스도를 통해 알고 있는 하나님의 긍휼이란 다른 사람을 어떻게 대하느냐에 따라 반영될 것이다.46)

2장과 4장에서 야고보는 이 법에 대한 또 하나의 중요한 언급을 한다. 율법에는 다양한 명령이 포함되어 있지만 하나로 보아야 한다. 따라서 율법의 어느 하나라도 범하면 율법 전체를 범하는 것이다. 율법의 모든 명령은 동일한 것이기 때문이다(2:10-11). 이러한 동질성의 이유는 그것을 명한 원천이 동일하기 때문이다. 즉 간음하지 말라고 명하신 분이 살인도 금하셨다(2:11). 야고보는 구약성경의 모든 율법을 지켜야 한다고 말하는 것은 아니다. 그러나 사랑의 법으로 함축되는 하나님의 율법의 윤리적 요구는 지켜져야 한다는 것이다.47) 따라서 부자에 대해 편애하고 가난한 자를 무시하는 것은 최고한 법을 위반한 것이다. 따라서 형제를 비방하는 것은 곧 사랑의 법을 순종치 않는 것이며, 모든 율법을 심판하는 자리에 앉은 것이다(4:11-12). 이것은 자신의 뜻과 속성을 율법을 통해 드러내실 뿐만 아니라 율법의 입법자와 재판자가 되시는 분에게 복종하기를 거절하는 것이기 때문에 결코 용납되지 않는다(4:7, 10, 12). 그 대신, 그리스도인들은 "율법의 준행자"(4:11)와 "도를 행하는 자"(1:22)가 되어야 한다. 예수 그리스도를 통해 가르쳐지고 성취되는 하나님의 율법은 반드시 듣고 준행해야 한다.

---

45) Cadoux, *The Thought of St. James*, 72; Ryrie, *Biblical Theology of the New Testament*, 138; Davids, *Epistle of James*, 47-50, 114; Moo, *James*, 50.
46) Goppelt, *Theology of the New Testament*, 2:207.
47) Stevens, *Theology of the New Testament*, 284-85; Goppelt, *Theology of the New Testament*, 2:205-6; Moo, *James*, 48-49.

4. 다른 주제들

두 가지 주제에 대해 더 살펴볼 필요가 있다. 이들에 관한 논의는 많은 시간을 요하지 않는다.

1) 기도, 고백 및 치유

기도는 본 서신에서 잘 알려진 또 하나의 주제이다.[48] 야고보는 신자들이 시험, 고난, 질병, 기쁨 등 어떠한 상황 하에서도 기도하기를 바랐다(1:5; 5:13-14). 하나님의 백성들은 시험이나 고난으로 혼란스럽고 당황할 때에도, 그들이 어떠한 상황에 처하든지 지혜와 은혜를 주시는 하나님께 나아가 기도할 수 있다(1:5). 그러나 기도할 때의 기본적 태도는 믿음이며 결코 의심하지 않아야 한다. 의심하는 자는 자신의 기도에 대해 어떠한 응답도 기대해서는 안 된다(1:6-8). 믿음과 의심에 대한 야고보의 대조는 하나님에 대한 그리스도인의 기본적 태도와 관련되며 믿음의 크기나 순수성과는 무관하다.[49] 야고보가 본문에서 강조하고 있는 것은 하나님의 성품이다. 그는 자신의 은총을 구하는 자들에게 꾸짖지 아니하시고 후하게 주신다(1:5). 모든 좋은 은사와 온전한 선물이 위로부터 오며, 그는 창조주이자 구주시며 그의 완전함은 결코 변함이 없으시다(1:17). 그는 그리스도 안에서 새로운 생명을 후하게 주심으로 그리스도인들은 그의 사랑하는 자녀가 된다(1:18). 야고보의 관점에서 볼 때 기도의 기반은 하나님에 대한 믿음이다.

야고보는 그리스도인들이 기도를 통해 무엇을 구하여야 하는지에 대해서도 초점을 맞춘다. 때때로 신자들은 기도로 구하지 않기 때문에 그들을 위해 예비된 축복을 경험하지 못하는 경우가 있다. 야고보는 "너희가 얻지 못함

---

[48] C. Richard Wells는 야고보서의 기도에 대해 포괄적으로 다루고 있으며, 어떻게 기도가 본 서신의 신학을 형성하고 있는지에 대해 효과적으로 제시한다("The Theology of Prayer in James," *Criswell Theological Review* 1 [1986]: 85-112).
[49] 예수님은 겨자씨만한 믿음만 있으면 산을 옮길 수 있다고 하였다(마 17:20). 마가복음 9:23-24에 나오는 사람의 태도에 대해 살펴보라. 예수께서 그에게 믿는 자에게는 능치 못할 일이 없다고 하자 그는 "내가 믿나이다. 나의 믿음 없는 것을 도와주소서"라고 하였던 것이다.

은 구하지 아니함이요"(2d절)라고 말한다. 본문에는 사람이 교만하거나 자만하여 하나님께 돌아와 도움을 구하지 않는다는 뜻이 있다. 이어지는 구절은 하나님 앞에서 겸손해야 한다는 것을 강조하기 때문이다(6-7, 10절). 그러나 본문의 직접적인 뜻은 기도하지 않는다는 것이다. 즉, 하나님께 구하지 못하는 것은 태만하거나 다른 것에 마음이 빼앗겼기 때문이라는 것이다.

신자들의 기도와 관련하여 또 하나의 문제는 잘못 구하거나 정욕에 쓰려고 구한다는 것이다(3절). 현명한 부모나 자식을 사랑하는 부모와 마찬가지로 하나님은 자녀들의 이러한 요구에 응답하지 않으신다. 경건한 기도는 하나님 앞에서 자신이 구하는 것에 대한 동기가 분명해야 한다. 무엇을 구할 것인가에 대해 항상 하나님의 뜻을 살펴야 하며, 때로는 자신의 뜻을 포기하고 하나님의 요구와 시간표에 복종시켜야 할 경우도 있다. 이것은 물론 그리스도께서 겟세마네에서 기도하실 때 경험하신 것이다. 그는 아버지에게 이 잔을 지나가게 해 달라고 세 번이나 간청하였으나, 결국 하나님의 뜻에 복종하셨다(마 26:36-46; 막 14:32-42).

기도에 대한 마지막 말씀(약 5:13-18)에서 야고보는 기도의 놀라운 효과에 대해 강조한다. 핵심 요지는 16b절이다. "의인의 간구는 역사하는 힘이 많으니라." [50] 기도는 하나님의 위대하심과 능력으로 인해 성취된다. 기도의 놀라운 능력에 대한 성경의 예를 보여주는 것은 엘리야이다(17-18절). 치유와 고백 및 죄사함에 관해 언급하고 있는 앞 구절 역시 기도가 얼마나 능력 있는지에 대한 구체적인 예를 제시한다(13-16a절). 이 구절에서 야고보는 병자에 대해 교회의 장로들이나 영적 지도자들 및 교회를 돌아보는 목회자들을 청해야 하며,[51] 그들은 병자를 위해 기름을 바르고 기도하라고 격려한다.[52]

---

50) 헬라어 분사(NIV에서는 "그리고 효과적이다"[and effective])는 "효과적인 기도" [NASB]라고 한정적으로 해석하기보다 "효과적이다"라고 서술적으로 해석하는 것이 바른 해석이다.
51) Daniel R. Hayden은 14-16절의 "병"을 육체적 질병으로 보지 않고 죄와의 싸움을 통한 낙심과 실망 및 영적 연약으로 본다("Calling the Elders to Pray," *Bibliotheca Sacra* 138 [1981]: 258-66). 웰즈(Wells)는 이 주장에 부분적으로 동의한다. 그는 15절의 치유를 "질병 자체가 아닌, 질병의 정신적 영적 결과로부터의 구원"이라고 말한다

신자 가운데 병든 자를 위한 기도와 관련하여 야고보는 장로들로 하여금 그의 신체적 질병과 함께 영적 및 도덕적 문제들을 다루라고 촉구한다(15-16절). 영적 건강과 육체적 건강은 종종 연결된다. 신자의 삶에 죄가 나타나면 장로들과 하나님께 고백하고 죄사함을 받아야 한다. 16절에서 야고보는 이러한 상호 고백과 기도의 지원이 영적 삶을 함께 나누는 지역 공동체 신자들의 일상이 되어야 한다고 촉구한다. 예수님이 요한복음 9:1-3에서 분명히 제시하였듯이 모든 병이 죄와 연결되는 것은 아니다. 야고보의 요지는 두 가지가 연결된 경우 그것을 함께 다루어야 한다는 것이다.

그러나 야고보 5:15의 놀라운 언급에 대해 살펴볼 필요가 있다: "믿음의 기도는 병든 자를 구원하리니 주께서 저를 일으키시리라 혹시 죄를 범하였을지라도 사하심을 얻으리라." 야고보의 의도는 병이 낫기를 기도하라는 것이다. 육체적 질병은 많은 고통을 가져오나 기도는 큰 힘이 된다. 요점은 하나님께서 그를 믿고 기도하는 자들에게 놀라운 기적으로 응답하실 수 있다는 것이다. 그러나 야고보의 격려는 모든 병을 낫게 한다는 뜻으로 해석해서는 안 된다. 앞에서 "믿음의 기도"는 근본적으로 사랑과 자비가 많으시며, 모든 것을 아시는 주권적 하나님에 대한 신앙으로 나타난다고 말한다. 그렇다면 믿음은 그의 손에 질병의 치유를 맡길 뿐만 아니라 그의 뜻과 시간표에 복종하는 것도 포함된다. 특별히 중요한 것은 믿음이 없어 고침을 받지 못한다는 논리를 거절해야 한다는 것이다. 야고보서 5장은 병자를 위해 기도하는 자의 믿음에 대해 언급한다. 또한 성경에는 믿음이 아무리 강해도 고침

("Theology of Prayer in James," 105-6). 그러나 Hayden은 이러한 의미가 야고보의 핵심적 용어로 가능하지만, 본문에는 그러한 해석의 여지를 주지 않는다고 말한다. 따라서 정신적 영적 효과도 포함되지만 육체적 질병이라는 일반적인 의미로 해석하는 것이 바람직하다.

52) "주의 이름으로" 기름을 바른다는 것은 하나님의 능력과 축복을 그의 삶에 적용한다는 상징적 의미를 가진다. John Wilkinson은 이것을 좋은 약과 함께 기도하라는 의미로 해석한다("Healing in the Epistle of James," *Scottish Journal of Theology* 24 [1971]: 338-40), 그러나 본문의 어순은 그러한 해석을 용납하지 않는다. "주의 이름으로"라는 구절은 영적, 상징적 의미와 보다 잘 부합된다. 이 문제에 관해, 그리고 본 해석을 뒷받침하는 자료에 대해서는 Gary S. Shogren, "Will God Heal Us-A Re-examination of James 5:14-16a," *Evangelical Quarterly* 61 (1989): 99-108를 참조하라.

을 받지 못하는 경우가 있다는 예가 제시된다. 예를 들어 바울은 세 번이나 육체적 고통을 인해 치유를 기도하였으나 하나님은 듣지 않으셨다(고후 12:7-10). 그러나 하나님은 바울에게 그의 은혜가 족하며, 이러한 고통은 그의 삶에서 중요한 영적 목적으로 사용될 것이라고 말씀하신다.[53]

2) 부와 가난

야고보는 독자들의 경제적 상황 및 하나님의 진리를 어떻게 그들의 상황에 적용해야 하는지에 대해 할 말이 많았다. 이 점에서 그는 일시적 가치보다 영원한 가치가 우선되어야 한다는 사실을 주장하였다. 이 땅에서의 부는 사라지며 하나님이 없는 부자는 심판이 오면 멸망한다(약 1:10-11; 5:1-3). 그러나 그리스도인들은 이 땅에서는 비록 가난하여도, 하나님의 은혜가 그들을 믿음과 약속된 나라의 상속으로 풍성케 하실 것이기 때문에 높은 지위를 누릴 수 있다(1:9; 2:5). 예수께서 말씀하신 대로 사람은 천하를 얻어도 목숨을 잃으면 아무런 유익이 없다(마 16:26; 막 8:36; 눅 9:25).

이 땅과 영원한 가치의 대조 및 당시 독자들의 상황은 부와 가난에 대한 야고보의 접근에 많은 영향을 미쳤다. 독자들은 대부분 가난했으며,[54] 부와 권력을 남용하는 부자들로부터 많은 고통을 받고 있었다. 부자는 법체계를 악용하여 가난한 신자들을 억압하였으며(2:6), 품꾼에게 삯을 주지 아니하고 심지어 의로운 자를 정죄하고 죽이기까지 하였다(5:4-6). 부자는 사치를 즐기고 가난한 자를 착취하며 연락에 빠졌다(5:5). 게다가 부자는 그리스도의 이름을 훼방하였던 것이다(2:7).

---

[53] D. Edmond Hiebert, *The Epistle of James: Tests of a Living Faith* (Chicago: Moody, 1979), 322. 그는 특히 야고보서 5:15의 믿음에 대해, 특별한 경우에만 고침을 주겠다는 보장으로 주어진 것이라고 주장한다. 이것은 고린도전서 12:9에 언급된 믿음과 유사하다. 즉 일반적인 신자들이 가진 믿음 이상의 특별한 믿음에 관한 언급이다. 그러나 야고보서 5:16의 언급은 간단하며, 1:5-8 및 4:2-3에 함축된 내용과 동일한 믿음에 대해 언급하고 있음을 보여준다.

[54] 그러나 부자도 교회의 모임에 참석하였다(2:1-4). 야고보는 (아마도 부자들에게) 자만이나 교만에 빠지지 말고 하나님을 신뢰하라고 호소하였다(4:13-17). 그러나 야고보서 5:1-6의 경고는 믿지 않는 부자들에게 하신 말씀이다(왜 야고보가 그들에게 말했는지에 대해서는 Moo, *James*, 159를 참조하라).

본문에서 야고보는 부를 남용하는 죄에 대해 강조하였다. 반대로 그는 가난한 자들을 의롭게 보고 하나님의 특별하신 은총의 대상으로 보았다. 이것은 가난한 자에 대한 구약성경이나 유대 전통 및 예수님의 가르침과 일치한다.55) 본문은 그리스도인들이 부자가 되어서는 안 된다거나 가난한 자는 다 의롭다는 말이 아니다. 그러나 이것은 실제 야고보의 상황에서 있었던 부의 남용에 대한 말씀이자 부자든 가난한 자든 경건하게 살려는 신자들과 관련된 말씀이다.56)

끝으로, 본 서신의 주제와 강조점을 유지하면서, 야고보는 그리스도인들이 부와 가난에 대해 이러한 확신 가운데 살아야 한다고 주장한다. 그들은 가난한 중에서도 하나님을 신뢰해야 하며 궁극적 구원을 바라보아야 한다(5:7-11). 주 예수 그리스도를 믿는 사람들은 경제적 지위로 사람을 판단해서는 안 되며, 부자를 높이거나 가난한 자를 무시해서도 안 된다(2:1-9). 그들은 편파적이 되어서는 안 되며 사랑의 법을 지켜야 한다. 이러한 "최고한 법"은 입을 옷이 없거나 먹을 것이 부족한 형제들을 실제로 도와야 한다(2:15-16). 말 뿐이 아니라 실제로 행동으로 사랑과 자비를 베푸는 것이야말로 그리스도인들이 믿음으로 사는 방식이며, 이렇게 함으로써 말씀을 행하는 자가 되는 것이다.

---

55) 부와 가난에 대한 내용에 대해서는 Mussner, *Der Jakobusbrief*, 76-84; Davids, *Epistle of James*, 41-47; Moo, *James*, 53-55를 참조하라.
56) 이 주제에 대해 보다 자세한 내용은 Robert Lee Williams, "Piety and Poverty in James," *Wesleyan Theological Journal* 22 (1987): 37-55; and Pedrito U. Maynard-Reid, *Poverty and Wealth in James* (Maryknoll, N.Y.: Orbis, 1987)를 참조하라.

제3장
베드로와 유다의 신학
A Theology of Peter and Jude

베드로의 두 서신은 다른 문제에 대해 다루기 때문에 강조점은 다르나, 저자가 같기 때문에 함께 다룬다.[1] 물론 유다의 주제는 베드로 후서와 유사하다.[2]

1. 기독론

이 세 서신은 예수 그리스도가 누구신지에 대해 귀한 가르침을 준다. 다른 많은 신학적 주제들, 특히 베드로전서는 그리스도에 관한 내용과 밀접하게 연관된다.

대체로 베드로는 그리스도의 삶을 되돌아봄으로 자신의 기독론을 제시한다. 그리스도는 육체에 계실 때 비록 죄가 없으시고 하나님 아버지만 의지하였으나 고난을 받았다(벧전 2:21-23; 3:17-18; 4:1). 그는 십자가 위에서 인

---

1) 본 서신의 베드로 저작에 대해서는 많은 논쟁이 되고 있다. 특히 베드로후서의 경우가 그렇다. Werner Georg Kümmel, *Introduction to the New Testament*, trans. Howard Clark Kee, rev. ed. (Nashvill: Abingdon, 1975), 421-24, 430-34. 베드로전후서의 저작에 대해서는 Michael Green, *The Second Epistle General of Peter and the General Epistle of Jude: An Introduction and Commentary*, Tyndale New Testament Commentaries (Grand rapids: Eerdmans, 1968), 13-35; Donald Guthrie, *New Testament Introduction*, 3d ed. (Downers Grove, Ill.: InterVarsity, 1970), 773-90, 820-48를 참조하라. 베드로전서가 더 길기 때문에 본서의 내용을 주로 다룬다. 그러나 몇몇 주제의 경우 베드로후서와 유다서의 내용이 보다 두드러진다.
2) 두 서신은 주제나 문학적 구성에 있어서 명백한 연관성이 있다. 그러나 어느 것이 먼저 기록되었느냐에 대해서는 굳이 따질 필요가 없다. 이러한 문제들에 관해서는 Guthrie, *New Testament Introduction*, 919-27; Richard J. Bauckham, *Jude, 2 Peter*, Word Biblical Commentary (Waco, Tex.: Word, 1983), 141-43을 참조하라.

류의 죄를 지고 돌아가셨다(1:18-19; 2:24). 하나님은 그를 죽음에서 일으켰으며, 그에게 영광과 권세를 주시고 하늘에서 그의 우편에 앉히셨다(1:7, 21; 3:22). 그는 장차 하늘에서 영광과 권능을 나타내시고 그의 백성들에게 복을 주시며(1:7, 13; 4:13; 5:4; 벧후 1:11) 대적들을 심판하실 것이다(벧전 4:5, 17; 벧후 2:9; 3:3-13). 이러한 사건들에 대한 베드로의 직접적인 묘사는 다른 신약성경 저자들의 주장과 동일하다.3) 이 사건들은 점차 예수 그리스도가 누구신지를 제시한다. 그러나 베드로의 기독론은 그가 보다 자세히 전하는 구체적인 내용을 통해 채워져야 한다.

첫째로, 예수님의 지상 생애는 베드로의 기독론의 핵심을 이룬다. 오늘날 현대 신학에서 두드러지게 나타나는 역사적 예수와 믿음의 대상으로서 그리스도에 관한 이분법은 베드로에게는 전혀 나타나지 않는다.4) 베드로는 예수님의 삶과 사역의 목격자였으며(벧전 5:1; 벧후 1:16), 그는 이것을 자신의 가르침에 반영하였다. 그는 특히 예수께서 받으신 반대와 고난 및 죽음에 대해 제시한다(벧전 2:21-24; 3:18; 4:1; 5:1). 그는 예수님의 무죄하신 삶(1:19; 2:22; 3:17-18) 및 변화산에서의 영광(벧후 1:16-18)에 대해 상기시키고, 그가 하나님을 신뢰하고 자신을 박해하는 자들에 대해 보복하지 않았다는 사실(2:22-23)에 대해 상기시켰다.5) 그는 또한 그리스도의 부활과 특히 그리스도께서 승천하셔서 하늘에서 영광을 받으셨다는 내용을 상기시켰다(벧전 1:3, 21; 3:18, 21-22; 벧후 1:16-18). 여러 본문에서 베드로는 독자들에게 예수님으로부터 직접 들은 가르침을 반영한다(cf. 벧전 2:20; 눅 6:32-34).6) 다

---

3) Cf. 사도행전 13:23-31; 빌립보서 2:6-11; 히브리서 2:9-18; 5:7-10.
4) 이 내용은 José Oriol Tuni, "Jesus of Nazareth in the Christology of 1 Peter," *Heythrop Journal* 28 (1987): 292-304의 핵심적 요지이다.
5) P. E. Davies, "Primitive Christology in 1 Peter," in *Festschrift to Honor F. Wilbur Gingrich*, ed. E. H. Barth and R. E. Cocroft (Leiden: Brill, 1972), 115-22.
6) Robert H. Gundry, "Verba Christi' in 1 Peter: Their Implications Concerning the Authorship of 1 Peter and the Authenticity of the Gospel Tradition," *New Testament Studies* 13 (1966-67): 336-50, and "Further Verba on Verba Christi in First Peter," *Biblica* 55 (1974): 211-32.
7) 예를 들어, 누가복음 1:1-4; 사도행전 2:22-24; 로마서 1:2-4; 고린도전서 15:3-8.

른 신약성경과 마찬가지로 본 서신도 예수님의 삶과 지상 사역의 역사적 사건들에 기독론의 기초를 둔다.7)

베드로는 다른 신약성경의 저자들과 마찬가지로 예수님의 삶에서 나타난 역사적 사건들을 통해 하나님의 영원한 계획을 바라보았다. 하늘의 하나님은 이러한 지상의 사건들을 통해 역사하셨다. 베드로는 그리스도께서 "창세 전부터 미리 알리신 바 된 자나 이 말세에 너희를 위하여 나타내신 바 되었으니"(벧전 1:20)라고 말한다. "우리 주 예수 그리스도의 아버지 하나님"은 긍휼을 보이사 "예수 그리스도의 죽은 자 가운데서 부활하심으로 말미암아" 새로운 삶과 산 소망을 주셨다(3절). 그리스도를 통해 신자들에게 주실 구원과 은혜는 "그리스도의 영"이 선지자들을 통해 "받으실 고난과 후에 얻으실 영광"에 대해 구약성경에 미리 예언되었다(10-11절). 이와 동일한 "하늘로부터 보내신 성령"이 베드로의 독자들 가운데서 역사하신다(12절). 하나님의 뜻은 예수님의 고난과 죽음을 통해 성취되었으며, 마찬가지로 신자들도 하나님의 뜻에 따라 고난을 받으며 미쁘신 조물주께 자신을 맡길 수 있다(2:15, 19-25; 3:17-18; 4:14-19).

성육신 교리는 베드로의 예수 그리스도에 대한 제시에 함축되어 있다. 그 이유는 그리스도께서 육체에 계실 때 고난을 받으셨다는 사실(2:21-25; 3:18; 4:1) 및 지상에서의 삶에 대한 강조와 함께 그의 선재하심에 대한 언급이 제시되기 때문이다. 그리스도는 지상에 나타나시기 전부터 계셨다는 사실은 베드로전서 1:20에 평행구로 제시된다. "그는 창세 전부터 미리 알리신 바 된 자나 이 말세에 너희를 위하여 나타내신 바 되었으니." 그리스도는 구원을 주시기 위해 창세 전에 선택되었으며(문자적으로는 "미리 알려진", 또는 "하나님에 의해 예정된8)"이라는 의미임), 성취의 시대에 나타나심으로 베드

---

8) *proginōskō*의 의미에 대해서는 J. N. D. Kelly, *The Epistles of Peter and Jude*, Harper's New Testament Commentaries (New York: Harper & Row, 1969), 42-43, 75-76; Wayne A. Grudem, *The First Epistle of Peter: An Introduction and Commentary*, Tyndale New Testament Commentaries (Grand Rapids: Eerdmans, 1988), 50, 85를 참조하라.

로와 독자들에게 증거가 되었다. 시기에 관해 언급하고 있는 두 가지의 대조적인 구절은 헬라어 접속사(men... de)에 의해 강조된다. 이것은 하나님의 구원 계획에 있어서 두 가지의 중요한 단계인 그의 '영원 전 목적'과 '그리스도를 통한 이 목적의 역사적 시행'의 대조에 초점을 맞춘다. 어떤 사람들은 베드로의 독자들이 하나님의 미리 아신바 되었다는 언급을 근거로, 그리스도가 미리 알리신 바 되었다는 언급이 하나님의 마음과 목적 속에 있는 하나의 이상적 선재설에 불과하다고 주장하는 사람도 있다(1:2).[9] 그러나 이것은 2절과 평행을 이루고 있는 20절의 문맥을 무시한 것이다. "창세 전부터 미리 알리신 바 된 자"라는 표현은 독립적 구문이 아니라 독자들을 위하여 "말세에... 나타내신 바" 되었다는 구절과 대조를 이룬다.[10] 베드로는 이 문제에 관해 특별히 다루지는 않았으나 그리스도가 이 땅에 오셔서 육체로 계시면서 고난을 받으시고 구속의 피를 흘리시기 전에 이미 선재하신 분으로 생각했음은 확실하다.[11]

그리스도의 선재하심에 대한 바울의 언급은 그가 그리스도와 성부 하나님의 관계를 어떻게 받아들였는가에 대한 의문을 제기한다. 이 문제는 베드로전서의 처음 몇 구절에 제시된다. 1:2에서 베드로는 예수 그리스도와 성부 하나님 및 성령과 함께 제시함으로 삼위일체적 암시를 준다. 그는 3절에서

---

9) James D. G. Dunn, *Christology in the Making: A New Testament Inquiry into the Origins of the Doctrine of the Incarnation* (Philadelphia: Westminster, 1980), 236-39; Earl Richard, "The Functional Christology of First Peter," in *Perspectives on First Peter,* ed. Charles H. Talbert (Macon, Ga.: Mercer Univ., 1986), 130-32.
10) George Barker Stevens, *The Theology of the New Testament,* 2d ed. (Edinburgh: T. & T. Clark, 1918), 298-301; Ceslas Spicq, *Les Épîtres de Saint Pierre,* Études bibliques (Paris: Gabalda, 1966), 32-33; Charles Caldwell Ryrie, *Biblical Theology of the New Testament* (Chicago: Moody, 1959), 271; Kelly, *Epistles of Peter and Jude,* 76.
11) 그리스도의 선재적 행위는 베드로전서 3:19-22에 제시되었다고도 볼 수 있으나 이 문제에 대해서는 뒤에서 다시 다룬다. "그리스도의 영"이 구약성경의 선지자들에게 사역했다는 언급(벧전 1:11)은 성령께서 그리스도를 증거했다는 것으로서 선재하신 그리스도 자신을 성령으로 보았다는 것은 아니다. 이것은 "그리스도로 부터 온 성령"이라는 의미로 볼 수 있다. J. Ramsey Michaels, *1 Peter,* Word Biblical Commentary (Waco, Tex.: Word, 1988), 43-44; Peter H. Davids, *The First Epistle of Peter,* New International Commentary on the New Testament (Grand Rapids: Eerdmans, 1990), 62-63.

"우리 주 예수 그리스도의 아버지 하나님"이라고 찬양한다. 예수님의 아들 되심은 이 구절에 제시된다. 그러나 베드로는 그리스도에 대해 "아들"이라는 일반적 호칭을 사용하지 않는다. 베드로전서에는 이 호칭이 전혀 사용되지 않았으며, 베드로후서에서도 예수님의 모습이 변모한 사건을 인용하면서 언급되었을 뿐이다("이는 내 사랑하는 아들이요"[1:17]). 그러나 베드로는 예수 그리스도와 하나님의 사역과 독특한 방식으로 연결하며, 특히 그에게 축복과 생명이 있음을 언급한다(벧전 1:3-5; 1:18-21; 3:18-22; 4:11; 5:10). 베드로후서 1:16-17에서 하나님이 그를 사랑하는 아들로 인정하신 것은 성부와 성자가 신적 위엄을 공유하고 있음을 암시함으로 이 호칭의 보다 큰 의미를 강조한 것이다. 베드로는 동일한 단어 그룹을 사용하여 처음에는 예수 그리스도의 위엄을, 다음에는 성부 하나님의 위엄을 언급한다: "우리는 그의 크신 위엄[*megaleiotē tos*]을 친히 본 자라 지극히 큰 영광[*tē s megaloprepous doxēs*] 중에서 이러한 소리가 그에게 나기를 이는 내 사랑하는 아들이요 내 기뻐하는 자라 하실 때에 저가 하나님 아버지께 존귀와 영광을 받으셨느니라"(1:16b-17). 헬라어 성경에는 이 단어들이 신적 위엄이나 영광에 대한 언급으로 사용된다.12) 이러한 반복을 통해 베드로는 예수 그리스도가 성부 하나님과 신적 영광을 함께 소유하심을 보여준다.

이것은 베드로가 그리스도에 대해 사용한 호칭에도 나타난다. 베드로가 예수님에 대해 베드로전서에서 가장 즐겨 사용한 호칭은 "그리스도"이다(13번 등장한다). 베드로는 "예수"라는 이름을 직접 사용하지는 않았다. 베드로후서에는 "주"라는 보다 일반적 호칭이 더 많이 사용되었다. 이 호칭은 "우리 주 예수 그리스도"로 세 번, "우리 주와 구주 예수 그리스도"로 네 번, "예수 우리 주"로 한번 사용되었다. "주"라는 호칭은 중요하다. 왜냐하면 본문의 두 곳에서 베드로는 원래 성부 하나님(여호와)에 대해 언급하고 있는 구약성경 본문을 인용하고, 이 호칭을 주로서 예수님에게 적용하기 때문이다(벧전 2:3;

---

12) Walter Bauer, William F. Arndt, and F. Wilbur Gingrich, *A Greek-English Lexicon of the New Testament and Other Early Christian Literature*, 2d ed., rev. F. Wilbur Gingrich and Frederick W. Danker (Chicago: Univ. of Chicago, 1979), 496-97.
13) Kelly, *Epistles of Peter and Jude*, 86, 142.

3:15).13) 이러한 호칭 후에는 예수 그리스도에게 완전한 신성을 부여한 베드로후서 1:1의 "우리 하나님과 구주 예수 그리스도"라는 보다 대담한 언급으로 넘어간다.14) 베드로후서에 나타나는 보다 일반적인 구절은 "우리 주, 곧 구주 예수 그리스도"이다(네 번 등장한다, 1:11; 2:20; 3:2, 18). 베드로는 예수 그리스도께서 같은 호칭으로 불리는 성부 하나님의 영광과 권위에 동참하시고 행사하신다는 것을 알았다.15)

2. 속죄와 구원

이들 서신 가운데 가장 중요한 기여는 그리스도께서 제공하신 구원에 관한 가르침이다. 특히 베드로가 하나님의 뜻을 이루기 위해 메시아가 고난을 받고 죽으셔야 할 필요성에 대해 강조한 것은 중요하다(벧전 1:11). 그는 예수께서 이러한 예언을 하셨을 때 강력히 반대하였기 때문이다(막 8:31-33). "예수님이 지상에 계시는 동안 그 일에 관해 듣고 싶어 하지 않았던 그는 본 서에서 예수님의 고난과 죽음을 예수님의 지상 사역의 핵심적 사역으로 설명하였다"16)

1) 그리스도의 죽음의 의미
세 본문이 그리스도의 고난과 죽음에 대한 베드로의 핵심적 가르침에 대해 제시한다.

(1) 베드로전서 1:18-21
본문은 예수님의 죽음에 대해 무익한 죄의 길에서 구속하여 하나님께 대한 믿음과 생명으로 인도하는 제물로 묘사한다. 핵심 단어는 18절의 "구속

---

14) Oscar Cullmann, *The Christology of the New Testament,* rev. ed., trans. Shirley C. Guthrie and Charles A. M. Hall (Philadelphia: Westminster, 1963), 313-14; Murray J. Harris, *Jesus As God: The New Testament Use of* Theos *in Reference to Jesus* (Grand Rapids: Baker, 1992), 229-38.
15) Cullmann, *Christology of the New Testament,* 234-37.
16) Ibid., 74.

하다"(*lytroō*, "대속하다, 자유케 하다")라는 동사이다. 이것은 값을 치르고 노예 상태로부터 풀어준다는 의미이다. 이 단어 그룹은 헬라어 구약성경 및 세속 헬라어에서 노예를 속한다는 문자적 의미로 사용되었다.[17] 그러나 이 동사에 대한 보다 영향력 있는 구약성경의 용법은 하나님께서 이스라엘을 애굽의 노예로부터 구원하심에 대한 묘사로 사용된다. "자기의 권능의 손으로 너희를 인도하여 내시되 너희를 그 종 되었던 집에서 애굽 왕 바로의 손에서 속량하셨나니"(신 7:8; cf. 출 6:6; 15:13; 신 9:26; 13:5; 15:15; 24:18; 삼하 7:23; 대상 17:21; 시 78:42).[18] 학대로부터 자기 백성들을 구원하신 하나님의 전능하심에 대한 은유는 신약성경의 구속 교리의 배경을 이룬다. 그러나 보다 중요한 것은 하나님의 구원 사역에 있어서 자신의 역할에 대한 예수님의 가르침이다. "인자가 온 것은 섬김을 받으려 함이 아니라 도리어 섬기려 하고 자기 목숨을 많은 사람의 대속물[*lytron*]로 주려 함이니라"(마 20:28; 막 10:45).

베드로는 썩어질 세상의 가치("은이나 금같이 없어질 것이 아니라")와 하나님이 구속하기 위해 선택하신 희생적 수단("흠 없고 점 없는 어린 양 같은 그리스도의 보배로운 피로")의 대조도 강조한다. 그리스도의 피는 이미 베드로전서 1:2에 언급되었다("순종함과 예수 그리스도의 피 뿌림을 얻기 위하여 택하심을 입은 자들"). 본문에서 그의 피에 관한 언급은 출애굽기 24:5-8의 언약 비준식을 암시한다. 모세 언약은 제단과 백성들에게 희생의 피를 뿌림으로 시행되었다. 그들은 주께서 율법에서 명하신 것에 대한 순종을 서약하였다. 예수께서 성찬식을 제정하시면서 가르치신 것과 같이(마 26:27-28; 막 14:23-24; 눅 22:20) 그의 피는 예레미야 31:31-34에 약속된 죄사함을 완성하는 기초가 되기 때문에 새 언약에 대한 비준이다.[19] 베드로

---

17) Colin Brown, *The New International Dictionary of New Testament Theology* (Grand Rapids: Zondervan, 1975) s.v. "lytron," 3:189-95; Leon Morris, *The Apostolic Preaching of the Cross*, 3d ed. (London: Tyndale, 1965), 11-64.
18) O. Procksch, *Theological Dictionary of the New Testament*, trans. and ed. Geoffrey W. Bromiley (Grand Rapids: Eerdmans, 1964-76, s.v. "*luō*," 4:328-35; Eugene H. Merrill, "A Theology of the Pentateuch," in *A Biblical Theology of the Old Testament*, ed. Roy B. Zuck (Chicago: Moody, 1991), 68, 87.

전서 1:19에서 그리스도의 보혈은 십자가에서 신자들의 구원을 위한 대가로 생명을 쏟아 부어 주심을 의미한다. 이와 같은 죽음의 대속적 본질은 제물로 드리는 흠 없는 양의 죽음과 비교된다(19절). 이것의 배경이 흠 없는 유월절 양인지(출 12:5), 일상적 제사에서 요구되는 흠 없는 양인지(레 22:17-25; 민 28-29장), 또는 이사야 53:7에 언급된 도살장으로 끌려가는 죄 없는 양을 지칭하는지는 알 수 없다.[20] 어쨌든 이러한 이미지는 대속적 희생의 하나이며, 흠 없는 희생물은 다른 사람을 위해 죽었던 것이다.

베드로는 하나님의 영원한 계획(벧전 1:20)에 초점을 맞춤으로 그리스도의 죽음에 관한 내용에 대한 결론을 내린다. 이것은 하나님께서 그리스도의 부활과 승귀를 통해 제물을 받으셨음을 보여주며(21절), 그것의 결과인 독자들과 하나님과의 관계에 대해 언급함으로 다시 원래의 논쟁으로 돌아온다(21절; cf. 17절).

(2) 베드로전서 2:21-25

본문에서 베드로는 그리스도의 죽음에 대해 베드로전서의 특징적 언급 가운데 하나인 "고난"으로 묘사한다.[21] 이 동사는 2:19-23에서 네 번 언급된다(본 서신 전체에서는 모두 11번 언급되었다). 이 고난은 그리스도께서 십자가를 지시기까지, 그리고 십자가 위에서 겪었던 고난을 의미한다. 베드로의 목적은 21절에 나타나며 그리스도인으로서 사환된 자들에 대해 교훈하고 있는 보다 넓은 문맥에서 잘 나타난다. 여기서 그는 죄 없이 고난을 당한 하나의 표본으로 제시된다. 그리스도인은 고난을 받기 위해 부르심을 받은 자들로(21a절), 이 점에서 그리스도의 발자취를 좇는 자들이다(21b절). 베드로는 그리스도의 죽음의 표본적 의미에 대해 강조하였다(신자의 생활에 관한

---

19) Edward Gordon Selwyn, *The First Epistle of St. Peter*, 2d ed. (London: Macmillan, 1946), 120-21; Kelly, *Epistles of Peter and Jude*, 44; Donald Guthrie, *New Testament Theology* (Downers Grove, Ill.: InterVarsity, 1981), 474.
20) Michaels, *1 Peter*, 65-66; Davids, *First Epistle of Peter*, 72-73.
21) 한 이문에는 "그리스도께서 너희를 위해 고난을 받으사" 대신, "그리스도께서 너희를 위해 죽으사"로 되어 있다. 그러나 내외적 증거는 후자의 해석을 지지한다.

장에서 자세히 다룰 것이다). 그러나 그의 죽음의 의미는 여기에 한정되지 않는다.

21절에 언급된 베드로의 기본적 언급은 "그리스도가 너희를 위하여 고난을 받으셨다"라는 것이다. 이것은 이어지는 구절에서 분명하게 나타나는 그리스도의 고난의 보다 큰 의미를 제시한다. 예수님은 대속적 희생으로 죽으셨다. 그는 자신의 죄 때문이 아니라 다른 사람들의 죄를 짊어지고 죽으신 것이다. 베드로는 이사야 53장의 고난 받는 종에 대한 인용과 묘사를 통해 이 점을 강조하며, 예수께서 그의 죽음을 통해 그러한 역할을 성취하셨음을 보여준다.[22]

베드로는 베드로전서 2:23에서 이사야 53:9을 거의 정확히 인용하여 그리스도의 무죄하심에 대해 보여준다: "저는 죄를 범치 아니하시고 그 입에 궤사도 없으시며." 베드로전서 2:23에는 이사야 53:7을 인용하여 십자가 위에서 그리스도의 행동에 대해 개인적으로 목격한 것을 설명한다: "욕을 받으시되 대신 욕하지 아니하시고 고난을 받으시되 위협하지 아니하시고 오직 공의로 심판하시는 자에게 부탁하시며." 예수님은 죄 없이 고난을 받으시되 저항하지 아니하셨으며 오직 하나님의 뜻과 심판에 자신을 맡겼다. 그가 죄 없이 죽으신 것은 다른 사람들을 위한 것이었다: "친히 나무에 달려 그 몸으로 우리 죄를 담당하셨으니... 저가 채찍에 맞음으로 너희는 나음을 얻었나니"(24절, 이사야 53:4-5, 12 인용). 켈리(Kelly)가 관찰한 대로 하나님의 종이 다른 사람들을 위해 고난 받으신 주제는 이사야의 노래 전체에서 마치 "후렴구"와 같이 반복되며,[23] 베드로는 신자의 구원에 있어서 이것의 핵심적 중요성을 보았던 것이다.

---

22) 사도행전 3장에 언급된 베드로의 설교(13, 26절)와 사도행전 4장에 언급된 옥중에서의 기도 역시 예수님을 이사야 53장의 고난 받는 종과 동일시한다. 다른 신약성경의 용례에 대해서는 Joachim Jeremias, *Theological Dictionary of the New Testament*, s.v. "*pais theou* in the New Testament," 5:700-707; O. Michel, *The New International Dictionary of New Testament Theology*, s.v. "*pais theou*," 3:610-13; Richard N. Longenecker, *The Christology of Early Jewish Christianity* (London: SCM, 1970), 104-9를 참조하라.

베드로전서 2:24의 핵심구절인 "친히 나무에 달려 그 몸으로 우리 죄를 담당하셨으니"의 의미는 논쟁이 되고 있다. 이것은 예수께서 죄를 가져가셔서 십자가 위에서 멸한 것으로 볼 수도 있다.[24] 또 하나의 대안적 해석은 "여호와께서는 우리 무리의 죄악을 그에게 담당시키셨도다"(사 53:6)라는 말씀에 근거하여 그리스도께서 십자가에서의 죽음을 통해 죄의 형벌을 견디심으로 보기도 한다. 이러한 이사야 53장의 배경 및 "그 몸으로"라는 구절은 후자의 해석을 뒷받침한다.[25] "나무에 달려"(cf. 갈 3:13)라는 구절에 나타난 신명기 21:23에 대한 암시는 죄에 대한 하나님의 형벌 또는 심판의 개념을 더한다. 하나님의 뜻 안에서 그리스도는 자신의 죄 때문에 죽은 것이 아니라 다른 사람들을 대신하여 형벌을 받은 것이다.[26]

또한 본문은 그리스도의 십자가 사역이 신자의 변화를 위해서임을 분명히 제시한다. "그 몸으로 우리 죄를 담당하셨으니 이는 우리로 죄에 대하여 죽고 의에 대하여 살게 하려 하심이라"(벧전 2:24b). "너희가 전에는 양과 같이 길을 잃었더니 이제는 너희 영혼의 목자와 감독 되신 이에게 돌아왔느니라"(25절). 이 마지막 구절은 그가 살아서 자기 백성들을 돌보신다는 점에서 그리스도의 부활을 함축한다.

(3) 베드로전서 3:18
이 구절 역시 그리스도의 죽음의 대속적 본질을 강조한다. 그는 "한번 죄를 위하여 죽으사[suffered][27] 의인으로서 불의한 자를 대신" 하셨다. 다시 한번 죄 없는 죽음이 제시된다. 즉, 그는 의로우시며 따라서 자신의 잘못 때문이 아니라 불의한 다른 사람들을 대신하여 고난을 받으셨다. 그는 의로우

---

23) Kelly, *Epistles of Peter and Jude*, 122.
24) 본문의 전치사는 이러한 개념을 가질 수도 있다. 이 관점에 대해서는 Murray J. Harris, *The New International Dictionary of New Tesament Theology*, s.v. "Prepositions and Theology in the Greek New Testament," 3:1195-96을 참조하라.
25) 이 주장에 대해서는 Grudem, *First Epistle of Peter*, 131-34를 참조하라.
26) Selwyn, *First Epistle of St. Peter*, 180.
27) 본문은 "고난을 받았다"와 "죽었다"라는 이문이 존재한다. 그러나 내외적 근거를 종합해 볼 때 전자가 선호된다. Davids, *First Epistle of Peter*, 135 n. 17을 참조하라.

신 자로서 죄의 형벌을 받으셨다. 그리스도를 "의인"으로 표현한 것은 이사야 53:11-12의 종에 대한 묘사에서 나온 것이다: "나의 의로운 종이 자기 지식으로 많은 사람을 의롭게 하며 또 그들의 죄악을 친히 담당하리라... 범죄자 중 하나로 헤아림을 입었음이라 그러나 실상은 그가 많은 사람의 죄를 지며." 그의 고난에 대한 필요성은 "죄에 관해"(peri hamartiōn)라는 구절에 의해 표현된다. 이것은 구약성경에서 속죄제와 관련하여 언급되었으며(예를 들어, 레 5:6-7; 6:30; 시 40:6[히 10:6, 8에 인용]; 사 53:10),[28] 신약성경에서는 그리스도의 죽음이 죄와 그것의 형벌을 위한 제사였음을 보여준다(롬 8:3; 히 5:3; 10:18, 26; 요일 2:2; 4:10).[29]

죄 문제가 처리되면 거룩하신 하나님께 나아가는 길이 열린다. 베드로는 이것이 그리스도의 고난의 목적이라고 말한다: "우리를 하나님 앞으로 인도하려 하심이라"(벧전 3:18b). 이것은 하나님께 나아가는 길을 여시는 그리스도의 중보적 역할에 대한 생생한 묘사이다. 바울은 로마서 5:2; 에베소서 2:18; 3:12에서 동일한 그리스도의 사역에 대해 언급하였다. 히브리서 저자는 히브리서 4:16; 7:25; 10:19-22에서 이것을 다른 용어로 표현하였다.

사람들을 하나님께로 인도하는 그리스도의 사역과 관련하여 베드로는 다시 한번 그의 죽음과 부활에 대해 언급한다. 이것은 병행구와 대조적 분사에 의해 제시된다: "육체로는 죽임을 당하시고 영으로는 살리심을 받으셨으니"(벧전 3:18c). "죽임을 당하다"와 "살리심을 받다"가 그리스도의 죽음과 부활에 관한 언급이라는 데에는 다른 의문의 여지가 없다. 분명하지 않은 것은 "육체"와 "영"의 의미 및 분사와의 논리적 연결이다. 베드로전서에서 특히 영원한 하늘의 존재 방식과 대조적으로 "육체"는 신체적, 세속적 영역의 삶을 나타내었으며(1:24; 3:21; 4:1-2, 6), 이러한 의미는 본문 해석에 있어서 중

---

28) Harris, *The New International Dictionary of New Testament Theology*, s.v. "Prepositions and Theology in the Greek New Testament," 3:1203; Davids, *First Epistle of Peter*, 135.
29) 죄를 대속한다는 개념은 "때문에"(dia)나 "위하여"(hyper)라는 전치사가 죄를 목적어로 가지는 형태로도 표현된다. 로마서 4:25; 고린도전서 15:3; 갈라디아서 1:4; 히브리서 10:12을 참조하라.

요한 열쇠가 된다. "영"은 그리스도의 인격의 한 부분(물질적 요소와 비물질적 요소)으로 구별되지 않는다. 그는 죽으신 후 부분적으로 살아나신 것이 아니라 전 인격이 부활하셨기 때문이다. 따라서 본문은 두 개의 존재 방식을 대조하고 있는 것으로 보아야 한다: 즉 중생하지 못한 세속적 삶과 영원한 하늘의 삶이다.30) 그리스도는 지상에서의 존재 방식을 통해 고난을 받고 죽었으며, 하늘에 속한 영적 영역의 존재 방식에 의해 살아나시고 영광을 얻으셨다(3:22). 신약성경의 다른 본문 두 곳에는 이와 유사한 대조를 찾아볼 수 있다(롬 1:3-4; 딤전 3:16). 본문은 직접적으로 성령을 언급하고 있지는 않으나, 성령은 영적 존재 방식과 밀접한 관계에 있으므로 본문도 성령과 연결된 것으로 볼 수 있다.31)

이어지는 구절(3:19-22)의 의미에 대해서는 뒤에서 다시 다루게 될 것이다.

2) 구원의 적용

하나님은 예수 그리스도의 죽음과 부활을 통해 인간의 영적 구원을 제공하셨다. 이 사역이 어떻게 개인에게 적용되느냐라는 문제는 베드로와 유다의 서신에서 또 하나의 중요한 과제이다.32)

---

30) 이 주장은 최근 학자들의 공통된 주장이다. Kelly, *Epistles of Peter and Jude*, 150-51; Davids, *First Epistle of Peter*, 136-37; William Joseph Dalton, *Christ's Proclamation to the Spirits: A Study of 1 Peter* 3:18-4:6, Analecta Biblica, 2d ed. (Rome: Pontificio Instituto Biblico, 1989), 138-41.
31) 따라서 베드로는 성령을 부활의 대행자로 생각하지 않았다. NIV는 "육체로는 죽임을 당하시고 영으로는 살리심을 받으셨으니"라고 해석한다. 신약성경은 성령에 대해 중생하지 못한 사람들에게 생명을 준다는 의미에서 "살게 하다"(*zōopoieō*)라는 의미와 연계한다(요 6:63; 고전 15:45; 고후 3:6). 그러나 "살게 하다"는 베드로전서 3:18에 언급된 그리스도의 부활과 관련하여서는 다른 의미를 가진다.
32) 그리스도의 구원 사역과 그것의 적용은 베드로전후서에서 자세히 다루고 있지는 않으나 매우 중요하다. 이 문제는 베드로후서 2:1의 거짓 선생들에 대한 언급에서 제기된다. 1-3절의 묘사는 그들이 영원히 멸망할 것이라는 사실을 분명히 하고 있다. 그러나 문제는 "자기들을 사신 주"를 부인할 것이라는 언급이다. 이 구절에 대한 가장 좋은 해석은 십자가에서의 그리스도의 죽음이 모든 인류를 위해 구원을 제공하셨다고 해석하는 방법이다. 즉 결코 복음을 받아들이지 않으려는 사람이나 궁극적으로 멸망할 사람들도 다 포함한 것이다. 그러나 그리스도의 속죄는 하나님께서 택하여 부르시고 중생케 하신 사람들에게만 적용되고 효력이 있다. Edwin A. Blum, "2 Peter,"

(l) 하나님의 주권적 구원[33]

이들 서신들은 구원 사역에 나타난 하나님의 주권에 특별한 관심을 보인다. 일반적으로 세 서신은 세상에서 일어나는 사건을 그의 주권적 의지의 성취로 본다. 무슨 일이 일어나든, 하나님은 자신의 계획을 진행하시며 그리스도인들은 그의 선하심과 능력을 믿어야 한다(벧전 2:15; 3:17, 20; 4:2, 19; 5:6; 벧후 1:3-4; 2:4-9; 3:5-13; 유 5-6, 14-15, 24-25절). 그러나 하나님의 주권은 보다 구체적인 구속사적 사건들 속에서 더욱 잘 드러난다.

한편으로 하나님은 세상을 창조하기 전에 이미 예수 그리스도를 속죄 제물로 정하셨다(벧전 1:20). 그리스도는 "사람에게는 버린 바가 되었으나 하나님께는 택하심을 입은"(2:4) 산 돌이시다. 그는 하나님께서 시온에 세우신 택한 돌이요 보배로운 돌이다. 따라서 "저를 믿는 자는 부끄러움을 당치 아니" 할 것이다(2:6; 사 28:16; 롬 9:33; 10:11). 성령께서는 구약성경의 선지자들을 통해 이 구원을 통해 임할 은혜와, 그것을 입증하기 위해 메시아가 받으실 고난, 그리고 그와 자기 백성들을 위해 얻으실 영광에 대해 예언하게 하셨다(1:10-11; 5:10). 성령은 선지자들을 인도하사 자신의 말이 아니라 하나님의 말씀을 하게 하셨다(벧후 1:20-21). 따라서 하나님의 뜻의 성취는 그리스도의 삶과 사역에서 드러날 것이며 그들은 구약성경이 예언한 진리를 확인하게 될 것이다(벧후 1:16-19).

또한 이들 서신에는 개인적 구원에 있어서의 하나님의 주권이 분명히 드러난다. 베드로는 그리스도인에 대해 개별적으로 하나님의 미리 아심 또는 예정에 따라 선택되었다고 말한다(벧전 1:1-2). 집합적으로는 그리스도 안에 있는 신자들은 택한 모퉁이 돌이신 그분과의 관계로 인해(2:4) 모두 선민에 속한다

---

in *The Expositor's Bible Commentary*, ed. Frank E. Gaebelein (Grand Rapids: Zondervan, 1981)12:276-77; Kenneth O. Gangel, "2 Peter," in *The Bible Knowledge Commentary, New Testament*, ed. John F. Walvoord and Roy B. Zuck (Wheaton, Ill.: Victor, 1983), 870; Andrew D. Chang, "Second Peter 2:1 and the Extent of the Atonement," *Bibliotheca Sacra* 142 (1985): 52-63.

33) 자세한 내용에 대해서는 Donald G. Miller, "Deliverance and Destiny: Salvation in First Peter," *Interpretation* 9 (1955): 413-25을 참조하라.

(2:6). 덧붙여 이들 서신은 그리스도인들을 하나님의 부르심을 받은 자(*kaleō, klētos*)로 언급한다. 이와 같은 신적 부르심은 사람들과 하나님의 관계 회복을 위한 하나님의 사역에 속한다. 여기에는 거룩한 삶이 포함된다. 그들을 부르시는 이가 거룩하시기 때문이다(1:15). 그것은 어두움에서 그의 놀라운 빛으로 들어가게 하시는 부르심이다(2:9). 때로는 그리스도와 같이 죄 없이 고난을 겪게 하시나(2:21), 그와 마찬가지로 복을 유업으로 받게 될 것이다(3:9). 궁극적으로 이것은 그리스도 안에 있는 하나님의 영원한 영광으로의 부르심이다(5:9). 따라서 신자들은 하나님께서 그들 속에 두신 그리스도인의 성품을 삶으로 부르심과 택하심을 굳게 하며, 그리스도의 영원한 나라에 들어가게 된다(벧후 1:10-11; cf. 1:3-4). 그들을 부르심은 그들이 성부 하나님의 사랑을 받고 있으며, 예수 그리스도를 위해 지키심을 받고 있다는 사실(유 1절)에 의해 보증을 받는다. 그들을 지키시는 분은 그들을 타락하지 않게 하고 그 영광 앞에 흠이 없이 즐거움으로 서게 하실 구주 하나님이시다(유 24-25절).

(2) 거듭 남

베드로에 의하면 하나님의 주권적 구원에 관한 또 하나의 증거는 개인의 삶에 적용되는 첫 번째 단계로서 새로운 출생이다. 베드로는 그리스도인의 삶의 시작을 하나님으로부터의 출생으로 제시하며, "거듭나다"(*anagennaō*)라는 동사를 사용한다.34) 베드로는 하나님을 "많으신 긍휼대로 예수 그리스도의 죽은 자 가운데서 부활하심으로 말미암아 우리를 거듭나게 하사 산 소망이 있게"(벧전 1:3) 하시는 분으로 묘사한다. 이와 같이 거듭남은 그들이 받아들인 복음을 통해 그들의 삶에 효력을 나타내게 된다. 베드로는 "거듭나다"라는 동일한 동사를 사용하여 이렇게 말한다. "너희가 거듭난 것이 썩어질 씨로 된 것이 아니요 썩지 아니할 씨로 된 것이니 하나님의 살아 있고 항상 있는 말씀으로 되었느니라... 너희에게 전한 복음이 곧 이 말씀이니라"(벧전 1:23, 25). 그리스도인의 삶을 지속하라고 촉구하고 있는 2:2에도 이와 동일한 이미지가 나타난다. 베드로는 "갓난 아이들 같이(*hōs artigennēta*

---

34) Bauer, Arndt, and Gingrich, *A Greek-English Lexicon of the New Testament*, 51.
35) 거듭남의 주제는 본문마다 다소 상이한 용어가 사용되기는 했으나 요한복음 1:13; 3:3-8; 딛 3:5; 약 1:18과 유사하다.

brephē) 순전하고 신령한 젖을 사모하라 이는 이로 말미암아 너희로 구원에 이르도록 자라게 하려 함이라"고 촉구한다.[35]

(3) 성장

앞에서 언급한 대로 베드로는 베드로전서 1장에서 그리스도인의 새로운 출생에 대한 언급에 이어 그리스도인의 성장에 관한 이미지를 제시한다(2:2). 본문의 의미는 영적 출생, 또는 회심은 단지 시작에 불과하며 성품과 깨달음에 있어서 보다 성숙되고 발전된 과정이 이어져야 함을 보여준다. 그러나 성장은 단지 새로운 출생 때에 이미 신자들에게 부여된 잠재성을 개발하는 과정으로 보아야 한다. 이것은 그리스도인을 거듭나게 하는 씨(1:23-25)와 그들을 성장하게 하는 순전하고 신령한 젖(2:2) 사이의 연결을 통해 어느 정도 드러난다. 은유가 다소 혼합되기는 하였으나(비유의 내용이 바뀜으로) 둘 다 하나님의 말씀, 하나님의 진리, 또는 복음에 대한 언급임이 분명하다. 이것은 1:23("하나님의 살아 있고 항상 있는 말씀")에서 분명히 제시되며, 2:2에서는 "신령한"(*logikos*, 말씀[*logos*]이라는 명사와 연결됨)이라는 형용사에 의해 함축되어 있다. 이 형용사는 2:2에서 "신령한"이라는 의미를 가지는 한편 1:23-25에 언급된 하나님의 말씀과 연결되며, 이것이 베드로가 생각하고 있는 "순전한 젖"임을 보여준다.[36] 출생과 성장은 동일한 근원을 가진다.

이것은 베드로전후서에 성장에 관해 언급된 다른 구절의 관점이다. 베드로후서 3:18에서 베드로는 편지를 끝내면서 "우리 주 곧 구주 예수 그리스도의 은혜와 저를 아는 지식에서 자라 가라"고 말한다. 이 성장은 거짓 선생들의 영향(17절)과 반대되는 개념으로, 신비적 관심이 아니라 기독론적 기초에 관한 것이다. 즉 예수 그리스도를 아는 지식과 은혜에서 성숙하라는 것이다.[37] 베드로는 자신의 서신을 시작할 때와 동일한 방식으로 끝내고 있다. 왜냐하면 베드로후서 1:3-11은 그리스도인의 성품적 성장 과정에 대해 언급

---

36) Kelly, *Epistles of Peter and Jude*, 85; Grudem, *First Epistle of Peter*, 95-96.
37) 하나님이나 예수 그리스도에 대한 "지혜"는 베드로후서의 특징적 개념이다(1:2-3, 5-6, 8; 2:20-21; 3:18). 이러한 지식은 하나님께서 예수 그리스도에 대한 복음을 통해서 자신을 계시하시기 때문에 오는 것이다. 복음을 받아들임에 있어서 신자들은 하

하고 있기 때문이다. 회심과 처음 믿음에 대한 기본적 경험 위에(3-5a절) 그리스도인들은 덕, 지식, 절제, 인내, 경건, 형제 우애, 사랑(5-7절) 과 같은 일련의 성품들을 성숙시키기 위해 더욱 힘써야 한다.

거듭남과 성장에 관한 이미지는 베드로의 가르침에 있어서 옛 사람에서 새 사람으로의 행동의 변화에 대한 요구와 관련된다. 이것은 특히 베드로전서 1:14-16(이전의 정욕을 좇지 말고 하나님의 거룩하심과 같이 거룩해야 한다) 및 2:1-3(모든 악을 버리고 영적 성장을 추구해야 한다)에 제시된다. 신자의 변화는 2:24 및 4:1-3에서 그리스도의 죽음 및 부활과 연결된다. 그리스도는 죄로 고난을 받으셨으며 다시 살아나셨기 때문에 그리스도인들 역시 죄에 대하여 죽고 의에 대하여 살아야 한다. 이러한 가르침은 로마서 6장 등에 언급된 바울의 교훈과 유사한 면이 있다. 그러나 베드로는 그리스도인과 그리스도를 구속사적으로 동일시하려는 바울과 달리 이것을 단순히 그리스도의 고난을 통한 하나님의 목적이자(2:24) 본 받아야 할 모범(4:1-3)으로 제시한다.

(4) 절정
구원의 적용에 관한 베드로의 가르침이 주로 그리스도인으로서의 삶의 시작과 계속되는 과정에 초점을 맞춘 반면, 실제로 "구원"은 베드로전서에서 거의 미래지향적이다.[38] "구원"은 이미 시작된 과정의 마지막을 보장하고 있지만, 엄격한 의미에서 그리스도를 경험하는 미래적 절정에 해당한다. 예를 들어, 베드로는 1:3-5에서 거듭남이 산 소망을 향한다고 가르치며,[39] "말세에 나타내기로 예비하신 구원을 얻기 위하여 믿음으로 말미암아 하나님의 능력으로 보호하심을 입은" 자들을 위해 썩지 않는 기업이 하늘에 준비되어

나님에 대한 진정한 지식과 그와의 개인적 관계를 얻게 된다. 이것은 믿음이 시작될 때부터 소유하게 되는 것이지만 깨달음과 순종을 통해 성장해야만 한다.
38) J. Schneider, *The New International Dictionary of New Testament Theology*, s.v. "sōzō," 3:215; Davids, *First Epistle of Peter*, 20.
39) 베드로전서의 "소망"에 대한 세 언급은 신자가 미래에 확실하게 기대할 수 있는 개인적 구원의 절정에 초점을 맞춘다(1:3, 13; 3:15).

있다고 말한다. 9-10절에는 이와 동일한 미래 지향적 언급이 있다. 본문은 독자들이 가진 믿음의 목적이 영혼의 구원이라고 말한다.[40] 이 미래적 구원은 단순히 하나님께서 신자들 속에서 이미 시작하신 일의 절정에 불과하다. 베드로는 신자의 성장에 관한 언급(벧전 2:2)에서 이 과정이 결국 "구원에 이르도록"(eis sōtērian)하기 위함이라고 말한다.[41] 궁극적 구원은 거듭남과 성장의 최종적 산물이다.[42]

이것이 베드로후서 1:3-11에서 제시하는 내용의 절정이다. 신자들이 이러한 그리스도의 성품으로 성장함에 따라(5-7절) 그들이 회심할 때 하나님께서 주신 것들을 누리게 되는 것이다(3-4절). 이것은 그들에 대한 하나님의 부르심과 택하심을 굳게 하는 것이며 그리스도의 영원한 나라에 넉넉히 들어감을 보장하는 것이다(10-11절).[43]

3) 영들에 대한 그리스도의 전파

구원에 관한 베드로의 가르침과 관련하여 두 개의 복잡한 본문이 제시된다. 하나는 그리스도께서 "옥에 있는 영들"에게 전파하셨다는 베드로전서 3:19-22이며, 또 하나는 복음이 "죽은 자들"에게도 전파되었다고 하는 4:6이다. 두 본문은 굳이 연결할 필요는 없으나, 복음 전파라는 광범위한 주제로 묶을 수 있다.

---

40) 본문의 "받음이라"는 현재 분사는 미래적 의미로 보아야 한다. 이것은 현재 진행 중이기는 하나, 5절과 7절에 언급된 미래적 사건이 끝나야 완전히 성취되기 때문이다. Buist M. Fanning, *Verbal Aspect in New Testament Greek* (Oxford: Clarendon, 1990), 221-23, 413를 참조하라.
41) Bauer, Arndt, and Gingrich, *A Greek-English Lexicon of the New Testament*, 229-30. eis(이르도록)라는 전치사는 "reference"나 "respect"를 나타낼 수도 있으나 일반적인 용법은 아니며 특히, "성장하다"(자라다)와 같이 변화를 나타내는 동사와 함께 사용될 때는 더욱 그러하다.
42) 베드로전후서의 구원에 관한 두 언급 역시 미래적이다(벧전 4:18; 벧후 3:15). 베드로전서 3:21은 현재적이다: "이제 너희를 구원하는 표니 곧 세례라." 이 구절에서 볼 수 있듯이 "세례"는 외적 의식이 아니라 하나님의 구원 사역과 개인의 응답에 관한 은유이다("선한 양심이 하나님을 찾아가는 것"). Grudem, *First Epistle of Peter*, 163-64. "이제"는 그리스도의 현재적 구원과 노아시대의 구원을 대조한다.
43) Cf. Blum, "2 Peter," in *The Expositor's Bible Commentary*, 270-71.

예상하는 대로, 이 당황스러운 본문에 대해서는 많은 해석이 제시되었다. 이들 중 일부는 신약성경 및 베드로전서의 신학과 명백히 배치되는 주장도 있다. 예를 들어, 어떤 사람들은 이들 구절은 회개치 않고 죽은 자들에 대한 두 번째 구원의 기회를 제공한다고 주장한다.[44] 이러한 주장은 구원은 오직 그리스도에 대한 믿음으로 오며 이 땅에서 하나님의 구원을 거절한 자들에게는 영원한 심판이 있다는 신약성경의 가르침에 명백히 위배된다(마 7:13; 눅 16:23-31; 요 3:36; 17:12; 롬 2:1-3; 빌 1:28; 3:19; 살후 1:8-10; 히 9:27-28; 10:39; 계 20:11-15). 더구나 베드로가 긍휼이 죽은 자들에게도 연장된다고 생각했다면 무엇 때문에 이 땅에서 복음을 위해 고난을 감내해야 한다고 촉구했겠는가(벧전 4:1-5, 12-19; cf. 2:7-8; 벧후 2:1-3; 3:7)? 차라리 베드로전서 4:6a의 "죽은 자들에게도 복음이 전파되었다"는 의미를 지금 죽어 있는 자들에게도(그들이 살았을 때) 복음이 전파되었다는 뜻으로 해석하는 것이 더 낫다.[45] 인간의 눈으로 볼 때 그들이 이 땅에서 심판을 받았다고 하더라도(즉, 그들은 육체를 남용하다 죽었으며, 기독교가 아무런 유익을 주지 못하였다고 비방할지 모르나), 그들은 복음으로 인하여 하늘에서 하나님이 주시는 영적 생명을 받아 누리게 된다(6b절). 따라서 그들은(그들의 대적이 아니라) 결국 그리스도께서 산 자와 죽은 자를 심판 하실 때 인정을 받을 것이다(5절).[46]

---

44) Charles Bigg, *A Critical And Exegetical Commentary on the Epistles of St. Peter and St. Jude*, International Critical Commentary, 2d ed. (Edinburgh: T. & T. Clark, 1902), 170-72; Francis Wright Beare, *The First Epistle of Peter: The Greek Text with Introduction and Notes*, 3d ed. (Oxford: Blackwell, 1970), 172, 182; Anthony Hanson, "Salvation Proclaimed: [Part] I. 1 Peter 3:18-22," *Expository Times* 93 (1982): 100-105.
45) 현재적 지위에 대해 언급할 때 그의 과거적 사건을 함께 언급하는 것은 흔한 일이다. 예를 들어, "대통령은 여기서 태어났다"라는 말은 그가 대통령으로 태어났다는 의미가 아니다.
46) 이러한 해석을 지지하는 입장에 대해서는 Kelly, *Epistles of Peter and Jude*, 172-76; Edwin A. Blum, "1 Peter," in *The Expositor's Bible Commentary*, 12:245; Grudem, *First Epistle of Peter*, 170-72; Dalton, *Christ's Proclamation to the Spirits*, 225-241를 참조하라.

베드로전서 4:6을 어떻게 해석할 것인가와 별도로 3:19-22는 여전히 복잡하다. "영들에 대한 그리스도의 전파"에 관한 핵심 쟁점은 청중(영들이 누구인가?)과 내용(그의 메시지는 무엇이었는가?) 및 복음 전파의 시기(언제 발생하였는가?)[47] 등에 초점이 모아진다. 이들에 대해서는 여러 가지 주장과 해석이 있다. 이에 대한 찬반 의견에 대해서는 본서에서 다 다룰 수 없으나 중요한 두 가지 흐름에 대해서만 간략히 언급하고 평가하고자 한다.

가장 일반적인 해석은 "옥에 있는 영들"을 "노아의 날에 불순종하던" 악한 천사로 보는 것이다. 이들은 홍수 전에 이 땅의 여자들과 함께 살며 거인들의 조상이 되었던 것이다(창 6:1-4). 이 때문에 그들은 하나님에 의해 형벌을 받게 되었고 마지막 심판을 기다리게 되었다(cf. 벧후 2:4-5; 유 6-7절; 마 25:41; 계 20:10-15; 21:8). 그리스도는 부활 이후, 아마도 그의 승천의 일부로서, 그들에게 가서 모든 악한 세력들에게 그의 승리를 전파하였을 것이다(cf. 벧전 3:22). 이러한 해석은 현대 독자들에게 낯설지만 본문의 어휘나 직접적인 문맥과 부합된다. 이것은 또한 창세기 6장의 내용, 타락한 천사 및 미래적 심판에 관한 중간기 유대 사상과도 일치한다.[48] 베드로전서의 보다 넓은 문맥에서 볼 때 이들 구절은 고난당하는 신자들에게 결국 승리는 그리스도 안에서 그들에게 돌아갈 것이라고 격려하기 위한 것이다. 모든 악과 복음의 대적들은 멸망할 것이며, 신자들은 비록 지금은 고난을 당하나 장차 구원을 받고 그리스도의 영광스러운 미래적 승리에 동참할 것이다.[49]

---

47) Blum, "1 Peter," in *The Expositor's Bible Commentary*, 241; Grudem, *First Epistle of Peter*, 203.
48) 이러한 사상은 에녹1서, Jubilees, 12 족장의 증거(Testaments of the Twelve Patriarchs), 제2 바룩서, 그리고 요세푸스, 필로 및 쿰란 공동체의 문헌에서 흔히 발견된다. 구체적 내용은 각주 49에 제시된 문헌을 참조하라. 가장 놀라운 평행은 에녹 1서 6-21장(뒷장에서도 분산되어 나타난다)이다. 즉, 타락한 천사는 영으로 불리며, 노아 시대의 불순종과 연결되며, 옥에 있으며, 에녹은 그들에게 가서 심판을 전한다는 내용이다.
49) Kelly, *Epistles of Peter and Jude*, 151-64; R. T. France, "Exegesis in Practice: Two Samples," *New Testament Interpretation: Essays on Principles and Methods*, ed. I. Howard Marshall (Grand Rapids: Eerdmans, 1977), 264-81; Blum, "1 Peter," in *The Expositor's Bible Commentary*, 241-43; Dalton, *Christ's Proclamation to*

또 하나의 중요한 해석학적 흐름은 "옥에 있는 영들"을 의롭지 않은 사람들에 대한 언급으로 본다. 이들은 지금은 죽어 옥에 있으며 노아 시대에 살던 사람들이다. 그리스도는 영으로 그 시대로 돌아가 의의 전파자인 노아를 통해 그들에게 회개의 메시지를 전했다(벧후 2:5). 그러나 그들은 하나님께서 방주를 만들 동안 오래 참으신 긍휼을 거절함으로 홍수로 멸망되었다는 것이다. 이러한 해석 역시 본문의 어순이나 문맥과 잘 들어맞는다. 인간의 불순종이 홍수의 심판을 가져왔다는 주장은 창세기 6장(cf. 마 24:37-39; 눅 17:26-27; 히 11:7; 벧후 2:5)의 내용과 부합되며, 그리스도께서 구약성경 당시의 성령을 통해서 활동하셨다는 것은 베드로전서 1:11의 내용과 일치한다. 또한 이것은 당시 방주가 만들어지고 있는 동안 노아가 복음을 전파하였으며, 그가 하나님을 순종한다는 이유로 모욕을 받았다는 성경외적 증거와도 일치한다.[50] 이러한 관점에 의하면, 이들 구절은 그리스도인들이 의를 위해 살고 어떠한 고난과 박해에도 불구하고 동시대인들에게 복음을 전하라고 격려한다는 점에서 베드로전서의 보다 넓은 문맥과 합치한다. 심판은 다가오고 있으며 악인들에게는 냉혹한 결과가 기다리고 있을 것이나, 그리스도 안에는 구원이 있다.[51]

이들은 모두 본문에 대한 적절한 해석이다. 그러나 후자의 해석이 더욱 자연스러운 것 같다. 여기에는 많은 주장과 논쟁이 있을 수 있으나[52] 그리스도께서 노아를 통해 전파하셨다는 입장을 선호하는 두 가지 요소가 있다. 하나는 20절의 헬라어 분사로서, NIV에서는 "순종치 아니하던 자들"로 해석한다. 이 구조의 문법적 특징(서술적 역할을 하는 분사를 가진 명사구)은 이

---

the Spirits, 143-88; Davids, First Epistle of Peter, 138-43 등은 이러한 해석을 주장한다.
50) Grudem, First Epistle of Peter, 216.
51) 이것은 Roger M. Raymer, "1 Peter," in The Bible Knowledge Commentary, New Testament, 851-52; Guthrie, New Testament Theology, 841-43; Grudem, First Epistle of Peter, 203-39; John S. Feinberg, "1 Peter 3:18-20, Ancient Mythology, and the Intermediate State," Westminster Theological Journal 48 (1986): 303-36 등의 주장이다.
52) 구체적인 문제에 대해서는 앞에서 언급한 문헌을 참조하라.

분사가 형용사적 의미보다 부사적 의미로 사용되었음("순종치 않는 자"가 아니라 "순종하지 않았기 때문에"라는 의미임)을 보여주며, 19절의 주동사의 시제(전파하였다)를 제시한다.53) 그렇다면 본문은 "그리스도께서 그들에게 가서 전파하셨다. 그들은 전에 노아의 날 방주 예비할 동안 하나님이 오래 참고 기다리실 때에 순종치 아니하였기 때문이다"로 해석할 수 있다. 이것은 그리스도께서 노아를 통하여 전파하셨다는 언급을 강력히 뒷받침한다.

이 관점을 뒷받침하는 또 하나의 요소는 이것이 베드로전서의 내용에 보다 근접한다는 점이다. 이어지는 본문에서 베드로는 그리스도인이 적대적 환경 속에서도 믿음을 위해 고난을 받아야 한다고 기록한다. 베드로는 그들에게 하나님의 백성으로서 의롭게 살아야 하며, 주변의 불신자들에게 그리스도의 영향을 나타내어야 한다고 촉구하였다(벧전 2:9-12). 모욕과 박해에도 불구하고 그들은 자신을 하나님께 맡겨야 하며, 오직 말과 행함으로 그리스도 안에 있는 소망을 전해야 한다(2:18-21; 3:1-2; 14-17; 4:1-4). 그들에게는 그리스도의 이름이 있으며 하나님의 영이 그들과 함께 하시기 때문에 이 일을 능히 감당할 수 있다(4:14, 16). 특히 심판이 날이 다가오고 있으며 구원은 오직 그리스도인들에게만 주어질 것이므로, 이것은 더욱 시급히 촉구되어야 한다(4:5, 7, 12-19). 그리스도의 죽음과 부활 및 승천으로 인해 그들의 구원과 영광은 보장된다(1:3-7; 3:21-22; 5:9-10). 이 주장 속에 노아를 통한 그리스도의 사역에 대한 언급이 들어가는 것이 가장 적절하다. 그는 악한 세대 가운데 살며 의를 전하였다. 모욕과 박해에도 불구하고 노아는 하나님의 뜻을 행하였으며, 그와 같은 자들은 모두 심판으로부터 구원을 받을 것이다. 베드로의 독자들에 대한 이러한 격려는 앞에서 언급한 다른 대안에 의해 제시된 악한 천사들에 대한 그리스도의 승리를 상기시키는 것보다 더욱 적절한 권면이다.54)

---

53) 이러한 패턴에는 거의 예외가 없다. Friedrich Blass and A. Debrunner, *A Greek Grammar of the New Testament and Other Early Christian Literature,* trans. Robert W. Funk from the 9th-10th German ed. (Chicago: Univ. of Chicago, 1961), §270; Grudem, *First Epistle of Peter,* 233-36을 참조하라.

54) Grudem, *First Epistle of Peter,* 230-33.

3. 그리스도인의 삶: 그의 고난을 본 받음

그리스도인의 삶에 대해서는 많은 언급을 하였으나,[55] 베드로전서에 두드러지게 나타나는, 그리스도인의 행동과 관련된 두 가지 주제를 보다 구체적으로 다룰 필요가 있다.[56]

1) 그리스도의 고난을 본 받음

"본 서신 전체에서 때때로 겉으로 드러나지만, 결코 수면에 잠재되어 있지 않은"[57] 한 가지 사실은 베드로전서의 독자들이 믿음 때문에 시련과 고난을 겪고 있었다는 것이다. 그들이 받은 박해의 내용에 투옥이나 순교가 포함되었는지는 알 수 없으나 그리스도인들은 확실히 그리스도에 대한 충성으로 인해 일반적인 적대행위와 분노, 거짓 고소, 의심, 개인적 학대와 증오, 모욕과 신체적 매질을 당하였을 것이다.[58] 베드로는 이 주제에 대해 많은 관심을 보였다. 베드로전서에는 고난에 관한 언급이 16번 등장하며(신약성경 전체에는 57번 언급된다) 그 외에도 이러한 어려움에 대한 표현이 많다.[59]

독자들의 상황에 대한 베드로의 반응은 그리스도께서 받으신 고난과 영광의 예를 제시함으로 하나님의 섭리와 궁극적 승리를 통해 그들의 믿음을 굳게 하고자 그들을 격려하고 교훈하는 것이었다. 본 서신에서 가장 잘 알려진 구절에서 베드로는 그리스도의 고난에 대한 언급과 독자들이 당하고 있는 어려움에 관한 호소를 함께 제시한다.[60]

---

55) 속죄와 구원편을 참조하라.
56) Cf. George Eldon Ladd, *A Theology of the New Testament* (Grand Rapids: Eerdmans, 1974), 601.
57) Kelly, *Epistles of Peter and Jude*, 5.
58) 이들 교회가 받은 핍박과 박해의 내용에 대해서는 Kelly, *Epistles of Peter and Jude*, 5-11를 참조하라.
59) Davids는 "고난"과 "병"이 신약성경 전체에서 다르게 다루어지며, 베드로전서의 "고난"은 외부적 박해와 관련되며, 인간의 질병이나 죽음으로 인한 슬픔이 아니라고 주장한다(*First Epistle of Peter*, 30-44). 그는 베드로전서의 고난에 대해서는 바르게 해석하였지만 질병이나 치유에 관한 언급은 자연스럽지 못하다. 즉, 그는 치유가 언제나 주어지는 것은 아니라는 점을 인정하면서도 육체적 치유는 정상적인 그리스도인의 경험이라고 말한다. 이것은 신약성경의 가르침과 위배된다.

베드로전서 2:18-20에서 베드로는 사환 된 그리스도인에 대해 주인으로부터 부당한 취급을 당할 때 인내함으로서 하나님의 은혜를 입을 수 있다고 말한다. 이것은 특별히 주인의 성격과 관계없이 복종하거나(18절), "하나님을 생각함으로"(하나님에 대한 양심을 위하여[NASB]) 고난을 참거나(19절), "선을 행함으로" 매를 맞을 때(20절) 더욱 그러하다. 베드로는 그들에게 이러한 박해와 어려움 뒤에는 하나님의 은총이 그들 가운데 머물고 있다는 사실을 지적한다. 그러나 이러한 격려는 베드로가 그들이 본 받아야 할 고난의 모범으로 그리스도를 제시함으로 더욱 강화된다(21-25절). 즉 그는 자신의 잘못 때문이 아니라 죄 없이 고난을 받으셨다. 그는 욕과 고난을 받으셨으나 보복하거나 위협하지 아니하셨다. 그는 공의로 심판하시는 하나님에게 모든 것을 맡기셨다. 그는 하나님의 목적을 성취하시기 위해 죽으셨다. 그는 이와 같이 고난의 본을 보였으며 그리스도인들은 마땅히 그의 "자취를 따라"(21b절[NASB]) 가야 한다. 또한 베드로는 신자들의 경건한 고난이 하나님의 섭리임("이를 위하여 너희가 부르심을 입었으니"[21a절])과, 이러한 부당함에 대한 하나님의 궁극적 심판("공의로 심판하는 자에게 부탁하며"[23b절])을 상기시킨다.

그리스도는 베드로전서 3:13-22에서도 본으로 제시된다. 본문은 신자들이 옳은 것을 위해 받는 고난에 대한 보다 일반적인 언급이다. 이러한 위협에 대해 그리스도인들은 두려워해서는 안 되며(14b절), 그리스도를 바라보며 그에 대한 소망을 증거 해야 한다(15절). 박해자들은 그들의 선한 행실을 보고 자신의 행위를 부끄러워할 것이다(16절). 그럼에도 불구하고 신자가 하나님의 뜻대로 선을 위하여 고난을 받으면 복을 받게 될 것이다(13-14, 17절). 육체적 본은 그리스도이다. 그는 하나님의 구속적 목적을 위해 고난을 당하셨으나 다시 살아 나셔서 지금은 영광 가운데 하나님 우편에 계신다(18, 22절; cf. 1:11, 20-21).

---

60) Randy Hall, "For to This You Have Been Called: The Cross and Suffering in 1 Peter," *Restoration Quarterly* 19 (1976): 137-47; Gordon E. Kirk, "Endurance in Suffering in 1 Peter," *Bibliotheca Sacra* 138 (1981): 46-56.

그리스도인의 고난에 관한 동일한 주제는 베드로전서 4:12-19 및 5:8-10 에서도 볼 수 있다. 그러나 그리스도의 고난과 영광에 대한 언급은 보다 암시적이다(예를 들어, 4:13; 5:10). 고난은 이 땅에 사는 하나님의 백성들에게 주어진 당연한 몫이며(4:12; 5:9), 그의 뜻과 부르심의 일부분이며(4:19; 5:10), 신실하게 견디는 자들에 대한 축복의 통로이다(4:14; 5:10). 그리스도인들은 결코 죄로 인해 고난을 받지 말고 그리스도에 대한 헌신으로 인해 고난을 받아야 하며(4:15-16), 이러한 고난을 통해 하나님의 보호하심을 확신하게 된다(4:19; 5:10). 4:12-19에서 앞의 내용보다 강조된 것은 고난 가운데도 기뻐하라는 것과(4:13, 16)[61] 아울러 하나님께서 자기 백성들을 핍박하는 자들을 포함하여 경건치 아니한 자들을 벌하실 종말론적 심판에 대한 준엄한 경고가 제시된다(4:17-18).

임박한 심판에 관한 언급은 그리스도인의 고난에 대한 또 하나의 본문(벧전 4:1-6)에 제시된다. 이 구절은 먼저 그리스도의 고난이 그리스도인의 삶을 성결케 하는 효과를 가진다고 말한다(1-2절). 여기서 다시 한번 그리스도의 고난은 하나의 본으로서 인용된다. 즉 그가 육체에 계실 때 고난을 받으신 것처럼, 그리스도인들은 어떠한 어려움이 있더라도 동일한 마음으로 하나님의 뜻에 순종해야 한다. 고난의 경험은 성결케 하는 효과를 가지며, 하나님을 위해 살려는 보다 큰 결심을 갖게 하며, 이전의 죄를 버리게 한다. 그러나 그들은 "산 자와 죽은 자를 심판하기를 예비하신" 그리스도에게 직고해야 하며(5절),[62] 이 일은 곧 닥칠 것이다. 만물의 마지막이 가까웠기 때문이다(7절). 이 종말론적 특징의 긍정적인 면은 베드로전서 1:6 및 5:10에 간략히 제시되어 있다. 본문에서 고난은 "잠간 동안의" 고난이며 그 후에는 하나님의 영원한 복과 영광이 고난을 견딘 자들에게 함께 할 것이다.

---

61) 이 주제는 베드로전서 1:6에도 나타난다. 이것은 본 서신에서 고난에 대해 언급한 첫 번째 본문이다.
62) 심판자로서 예수님에 대해서는 Cullmann, *Christology of the New Testament*, 157-59를 참조하라.

2) 사회적 관계에서의 복종과 선한 행위

행동이나 행위는 그리스도인의 삶에 대한 베드로의 교훈에 나타난 핵심 단어들 가운데 하나이다. anastrophē나 anastrephō라는 헬라어는 베드로전후서에서 모두 10번 언급되는데(신약성경 다른 곳에서는 모두 12번 나온다), 삶의 방식이나 행동의 패턴을 묘사하며, 주로 그리스도인이 가져야 할 행동으로 제시된다. 대부분의 구절에서 행위는 다른 사람들과의 관계로 나타난다.

(1) 불신 세상과의 관계

베드로는 그리스도인은 불신 세상에서 나그네와 순례자로 살아야 한다고 주장함으로(벧전 1:1, 17; 2:11) 다른 신약성경과 동일한 사상을 제시한다.[63] 그리스도가 없는 사람들의 삶은 영적 무지(1:14), 공허함(1:18), 방황(2:25) 및 도덕적 방탕(4:3-4)으로 나타난다. 그리스도인들은 하나님의 백성으로서 새로운 시민권과 정체성을 가지며(2:9-10), 따라서 더 이상 불신 세상에서 도덕적, 영적 어두움 가운데 있어서는 안 된다(2:9). 그들은 여전히 타락한 세상에서 살지만 그곳에 안주해서는 안 되며 주변을 삶을 따라가서도 안 된다. 대신에 그들은 하나님이 거룩하심 같이(1:14-16) 모든 행실에서 거룩해야 한다. 그들은 그의 덕을 어두운 세상에 전파해야 하며(2:9), 육체의 정욕을 피하고 선한 행위를 가짐으로 그들을 비방하는 자들로 하여금 하나님께 영광을 돌리게 해야 한다(2:11-12).[64] 그리스도인들은 적대적 환경 가운데서 어떻게 살아야 하는가에 대한 베드로의 관점은 긍정적이며 전향적이다. 그는 독자들에게 그것으로부터 물러나거나 혼합되라고 말하지 않고 하나님의 백성으로서 살며 다른 사람들에게 영향을 끼치라고 말한다.[65]

---

63) Cf. 요한복음 17:14-18:2; 고린도후서 5:6-9; 빌립보서 3:20; 히브리서 11:13-16, 38; 13:14. John H. Elliott (*A Home for the Homeless: A Sociological Exegesis of 1 Peter, Its Situation and Strategy* [Philadelphia: Fortress, 1981])가 제시하는 베드로전서에 대한 사회적 접근은 사회적 격리와 공동체의 정체성에 대해 지나치게 강조한다. 베드로의 나그네 개념은 수사학적 기법이 아니라 신학적 확신이며, 사회적 개념이라기보다 도덕적이며 영적 개념이다. Elliott의 논문에 대한 평가에 대해서는 Moses Chin, "A Heavenly Home for the Homeless: Aliens and Strangers in 1 Peter," *Tyndale Bulletin* 42 (1941): 96-112를 참조하라.

64) Cf. 마태복음 5:13-16.

65) 이 문제에 관해서는 Leonhard Goppelt, *Der erste Petrusbrief*, Kritisch-exegetischer

이러한 접근의 기초는 베드로전서 2:4-10에서 보여주는 대로 베드로의 교회론에 있다. 그리스도인들은 택하신 산 돌이신 예수 그리스도에 대한 믿음 때문에 함께 산 돌이 되어 신령한 집으로 세워진다. 이 집은 하나님이 거하실 새로운 성전이다(4-5a절). 그들은 거룩한 제사장들이며, 예수 그리스도를 통해 하나님을 경배하는 공동체이다(5b절). 6-8절에는 구약성경에서 인용한 세 가지의 메시아적 "돌"이 소개된다. 이들은 4절에 언급된 산 돌이신 예수님을 구체화한다. 그는 하나님께서 시온에 두신 궁극적인 다윗의 왕이며 그를 믿는 자는 구원을 얻는다(6b절; 사 28:16). 그는 세상으로부터 버림을 받았으나 하나님의 구원사역에 의해 머릿돌로 높임을 받으셨다(7절; 시 118:22). 복음을 순종치 않음으로 그에게 넘어지는 자는 하나님의 심판을 받게 될 것이다(8절; 사 8:14). 그러나 베드로전서 2:6-8의 초점은 신자들이 그리스도와의 관계로 인해 누리는 존귀한 지위에 맞추어진다.[66] 메시아적 공동체로서 그들의 정체성과 운명은 주변의 불신 세계와는 완전히 다르다. 그들은 이 시대의 하나님의 백성이다. 그들은 "택하신 족속이요 왕 같은 제사장들이요 거룩한 나라요 그의 소유된 백성"(9절)이다. 그들은 전에는 백성이 아니었으나 이제는 "하나님의 백성"(10절)이 되었다. 이 호칭은 구약성경에서 여호와와의 관계를 언급할 때 이스라엘에게 사용되었다(출 19:5-6; 사 43:20-21; 호 1:9; 2:25). 그러나 이제 그리스도인들은 그리스도를 통해 하나님과의 관계에서 이와 동일한 전형이 되었다. 그러나 베드로가 교회를 새로운 이스라엘이나 참 이스라엘이라고 부르지 않았다는 것은 눈여겨 살펴볼 필요가 있다. 교회는 하나님의 계획에서 이스라엘을 대치하지 않았다. 다만 그리스도인들은 이스라엘과 마찬가지로 이 땅에서 하나님의 백성으로서 살며 언젠가 하나님의 약속을 성취할 것이다.[67]

Kommentar über das Neue Testament, 8th ed., ed. Ferdinand Hahn (Göttingen: Vandenhoeck & Ruprecht, 1978), 155-63; I. Howard Marshall, *1 Peter,* IVP New Testament Commentary (Downers Grove, Ill.: InterVarsity, 1991), 77-83을 참조하라.

66) W. Edward Glenny, "The Israelite Imagery of 1 Peter 2," in *Dispensationalism, Israel and the Church: The Search for Definition,* ed. Craig A. Blaising and Darrell L. Bock (Grand Rapids: Zondervan, 1992), 163-68; John Hall Elliott, *The Elect and the Holy: An Exegetical Examination of 1 Peter 2:4-10 and the Phrase* βασίλειον ἱεράτευμα(Leiden: Brill, 1966), 33-38.

67) Glenny, "Israelite Imagery of 1 Peter 2," 169-87.

(2) 국가, 주인 및 배우자와의 관계

하나님의 백성으로서 적대적 세상에서 행실을 바르게 하며 영향력을 끼쳐야 할 필요성(벧전 2:11-12)은 세 가지 중요한 사회적 관계에 있어서의 복종과 선행에 대한 요구로 이어진다. "인간에 세운 모든 제도를... 순복하되" (2:13)[68]라는 명령은 일반적인 원리로서, 이러한 순복의 구체적인 예가 베드로전서 3:7까지 이어진다. 복종은 정부 권력(2:13-17)과 주인(2:18-25) 및 남편(3:1-6)에게 해야 한다. 이들과의 관계에서 베드로는 그리스도인들에게 다른 사람들과의 관계에서 "선을 행하라"고 요구한다.

각각의 관계(2:13, 18; 3:1)에서 베드로의 "복종"(hypotassomai)에 대한 요구는 그리스도인들이 처한 위치에서 위에 있는 자들의 권위를 인정하라는 것이다.[69] 신약성경의 용례에서 볼 때 이 용어는 분명히 권력 관계나 계급질서에 대한 복종의 의미로 사용되었다(롬 13:1; 엡 1:22; 5:22-24; 딤전 2:11-14; 고전 11:3, 7-12; 히 2:5, 8).[70] 종의 경우 신약성경은 현재적 질서에 순복하라고 요구하지만 하나님의 지시로서는 아니며 어디까지나 제한적이다 (딛 2:9-10; cf. 고전 7:21-23; 엡 6:5-9; 골 3:22; 딤전 6:1-2; 몬 15-16절). 어느 쪽이든 권세 아래 있는 자는 반드시 그들의 권위를 인정하고 복종해야 한다. 때때로 이것은 강제적인 복종으로 나타나기도 한다(cf. 고전 15:27-28; 엡 1:21; 빌 3:21; 히 2:5, 8; 벧전 3:22). 한편 베드로전서의 이 부분이나 다른 본문에서는 정당한 권력에 대한 자발적 순복의 의미로 언급되기도 한다 (고전 14:34; 엡 5:21-6:9; 골 3:18-4:1; 딤전 2:11; 딛 2:5, 9; 3:1; 히 12:9;

---

68) "인간이 만든 모든 것"이라는 해석을 선호하는 입장은 다음과 같다. Werner Foerster, *Theological Dictionary of the New Testament*, s.v. "ktizō," 3:1034-35; F. Neugebauer, "Zur Deutung und Bedeutung des 1. Petrusbrief," *New Testament Studies* 26 (1979-80): 85-86; Davids, *First Epistle of Peter*, 98-99; Michaels, 1 Peter, 124. 그러나 이것은 본문의 의미와 부합되지 않는다. Grudem, *First Epistle of Peter*, 118-19을 참조하라.
69) Gerhard Delling, *Theological Dictionary of the New Testament*, s.v. "hypotassō," 8:43-45.
70) 이 경우 복종은 Delling이 주장하였듯이(ibid., 43) "신적 의지가 담긴 질서의 유지" 또는 "신적 의지가 담긴 질서의 인정"이다.

약 4:7; 벧전 5:5). *hypotassomai*라는 동사는 종종 "순종하다"라는 동사로도 번역된다.71) 이것은 복종이 어떻게 나타나며, 순종이 그것과 연결되는지를 보여주는 본문에 나타난다(cf. 엡 6:1; 골 3:20, 22; 벧전 3:6). 그러나 복종과 순종은 동의어는 아니다. 복종은 보다 일반적인 태도이며 순종을 포함하는 구조적 관계이다.

신약성경의 한 구절(엡 5:21)에는 일반적인 용법보다 확장된 의미의 "복종"이 언급된다. 이것은 권력 질서의 체계를 벗어난 것으로서 신자들 상호 관계에 있어서의 복종을 요구한다: "그리스도를 경외함으로 피차 복종하라." 여기서 복종은 자신을 위한 행동이 아니라 다른 사람들에 대한 관심으로서 자신을 내어주는 행동을 말한다. 말하자면 "자신의 뜻을 다른 사람을 위해 포기할 준비를 갖추는 것, 즉 다른 사람을 우선하는 아가페(*agapē*)적 복종"이다.72) 이것은 중요하다. 왜냐하면 어떤 사람들은 계급적 개념을 피하고 베드로전서의 이 부분에 언급된 복종을 "그리스도인들의 일반적 존경"으로 이해하거나 다른 사람에 대한 행동으로 생각하고 에베소서 5:21의 개념을 이곳에도 적용시키기 때문이다.73) 그러나 베드로전서 2:13-3:6에 분명히 나타나는 권력의 질서나 신약성경에서 일반적인 의미로 사용되는 "복종"(*hypotassomai*)의 개념은 본문에서 이러한 계급적 구조의 요소를 배제해서는 안 된다는 것을 보여준다.74)

---

71) Bauer, Arndt, and Gingrich, *A Greek-English Lexicon of the New Testament*, 847-48. 누가복음 2:51과 고린도후서 9:13을 참조하라.
72) Delling, *Theological Dictionary of the New Testament*, s.v. "*hypotassō*," 8:45. 이것은 로마서 12:10; 에베소서 4:2-3; 빌립보서 2:1-4에서 요구하는 존경과 같은 것이다. 에베소서 5:21의 복종에 대한 다른 관점에 대해서는 James B. Hurley (*Man and Woman in Biblical Perspective* [Grand Rapids: Zondervan, 1981], 142-44)를 참조하라. 그는 복종이 "다른 사람의 요구를 채우는 것이 아니라 다른 사람의 권위에 복종하는 것"(p. 142)이라고 말한다. 따라서 이 구절은 "권위에 대한 복종"에 관한 일반적 언급이다. 이것은 이어지는 구절에서 구체화된다. 즉 아내는 남편에게, 자식은 부모에게, 종은 상전에게 복종해야 한다.
73) Michaels, *1 Peter*, 123-24; Davids, *First Epistle of Peter*, 98-99, 115, 121-22.
74) Grudem, *First Epistle of Peter*, 118, 125, 135-37; Hurley, *Man and Woman in Biblical Perspective*, 152-57.

본문에 대한 또 하나의 변형된 형태의 해석을 제시한 사람은 고펠트 (Goppelt)이다. 그는 계급적 의미를 부인하고 사회 조직 속에 있는 신자에 대한 명령으로 본다. 그는 복종(hypotassomai)의 의미에 대해 다음과 같이 기록한다.

> 우리는 이 단어에 대해 자동적으로 "sub"(아래에)라는 접두사의 개념으로 받아들이게 된다. 그러나 신약성경에서 악센트는 이 접두사에 있지 아니하고 어근인 taxis(질서)나 tassesthai(명령하다)에 있다. 핵심적 요소에 위치한 명령은 반역을 금한다기보다 새로운 적응을 위한 싸움으로 보아야 한다. 따라서 단어는 우선적으로 "자신을 주어진 제도에 적응시키다"라는 의미로 받아들여야 한다.[75]

그의 관점에서 볼 때 이 단어는 "인격적 관계에 유의하다" 또는 "자신을 적응시키다"라는 뜻으로 볼 수 있다.[76] 베드로가 사회에 동참하라는 요구를 했다는 것은 사실이나 이것은 분명 hypotassomai의 의미를 왜곡한 것이다. 복종하라는 명령은 베드로전서 2:13-3:6에 언급된 이상으로 제시된다.

따라서 베드로는 독자들에게 그들이 현재 처한 상황에서 왕이나 주인 및 남편의 권위를 받아들이라고 했던 것이다. 그러나 그는 이러한 복종의 의미에 새로운 영역을 덧붙인다. 그는 그리스도 안에서 이러한 관계는 새로운 마음 자세에 의해 형성된다고 말한다. 이것은 어디까지나 그리스도인의 새로운 가치관에 의해 유발되고 통제되기 때문이다. 이들 구절에서 언제나 가장 높은 권위는 어떠한 지상적 권력보다 주님에게 주어진다는 사실을 볼 수 있다 (cf. 사도행전 4:19-20의 베드로의 언급). 베드로전서 2:13의 명령은 복종의 동인(motive)에 대해 "주를 위하여"라고 제시한다. 이것은 분명히 2:11-12에 언급된 행동과 영향력에 관한 내용과 같은 맥락의 복종임을 뜻한다. 그러나 이것은 또한 주님의 가르침과 반대되는 명령에 대해서는 아무리 지상의

---

75) Leonhard Goppelt, *Theology of the New Testament*, trans. John E. Alsup, ed. Jürgen Roloff, 2 vols. (Grand Rapids: Eerdmans, 1982), 2:168.
76) Ibid., 168 n. 7.

권력자의 명령이라 하더라도 거절해야 함을 보여준다.77) 이러한 진리는 2:19에도 제시된다. 본문은 주인으로부터의 이유 없는 고난에 대해 언급하며 "하나님을 생각함으로"라는 구절을 삽입한다. 하나님은 개인적 고난을 감수하고서라도 부도덕한 행위를 거절하는 종들을 인정한다. 끝으로, 3:1의 아내에 대한 권면에는 동일한 진리가 보다 긍정적으로 제시된다. 1세기 당시의 남편에 대한 복종이란 주로 종교를 같이하는 것이지만 이미 신자가 된 아내의 복종은 차원이 다르다. 즉 경건하고 단정한 행동으로 그리스도에게로 인도해야 한다.

이러한 개념은 일상생활이나 이러한 관계에서 선을 행하라는 베드로의 거듭된 가르침에 의해 강조된다. 선을 행하라, 선한 것을 구하라, 선한 양심을 가져라, 선한행위를 지키라는 언급은 베드로전서에서 모두 열다섯 번(열두 번은 *agathos*[선한, 좋은]와 함께, 그리고 세 번은 *kalos*[아름다운, 선한]와 함께) 나온다. 이들은 때때로 죄나 악에 반대되는 개념으로서 의를 행하라는 의미로 제시된다(2:14, 20; 3:11, 17, 21; 4:19). 그러나 다른 본문에서 이 의미는 유익되고 즐거운 것을 행하거나 도움을 주는 행위, 또는 그리스도인으로서 다른 사람에 대한 책임을 다하라는 의미로 사용되기도 한다(2:12, 15; 3:6, 13, 16; 4:10). 이러한 종류의 행위는 권세를 가진 자로부터 칭찬을 받는다(2:14). 이러한 의미에는 잘못을 행함으로 고난을 받거나, 대적들에게 비방할 거리를 제공해서는 안 된다는 교훈도 포함된다(2:12, 15; 3:16). 고난을 받아야 할 필요가 있을 경우, 그것이 처벌 받아 마땅한 행위 때문이 아니라 선하고 바른 행동에 의해 받는 고난이 되어야 한다(2:20; 3:17). "선한 행위"란 결국 그리스도인이 주변의 불신 세상에 대해 책임감 있는 도덕적 삶을 살아야 하며 그들에게 영향력을 끼쳐야 한다는 바울의 호소와 궁극적으로 연결되어 있다(2:11-12; 3:15-16).

(3) 기독교 공동체 내에서의 관계
두 본문에서 베드로는 교회에서 신자들이 어떻게 서로에 대해 대해야 하

---

77) Davids, *First Epistle of Peter*, 18.

느가에 대해 언급한다. 그는 공동체의 상호적 관계에 대해 "서로"에 대한 명령으로 제시한다. 서로 열심히 사랑하며 참는 것은 가장 우선권을 가진다 (벧전 4:8[무엇보다]). 그들은 서로 원망 없이 대접해야 한다(9절). 어떠한 영적 은사를 받았든, 서로에게 하나님의 능력으로 봉사하는데 사용되어야 한다 (10-11절).

베드로 역시 장로들(교회내의 공식적 지도자들[78])에게 하나님께서 맡겨주신 "양 무리"를 신실하게 돌보라고 말한다(5:1-2a). 그들은 사리사욕이나 주장하는 자세로 해서는 안 되며 본이 되어야 한다(2b-3절). 예수께서 목자장으로 오실 때에 그들에 대한 보상이 있을 것이다(4절). 젊은 자들은 교회 장로들의 지도에 순복하여야 한다(5a절). 끝으로 서로에 대한 겸손과 하나님의 돌보심에 대한 믿음은 그들이 언제나 가져야 할 자세이다(5a-7절).

4. 기독교의 진리: 성경, 정통 및 이단

기독교인의 진리는 베드로후서 및 유다서에서 자주 거론되는 주제이다. 이들 서신은 거짓 선생들이 즐비하던 교회에 보내는 편지이기 때문이다. 목회서신에서는 이와 유사한 상황을 발견할 수 있다. 이 주제는 베드로전서에서도 나타나지만 자주 언급되지 않는 것은 기록 목적이 다르기 때문이다.

1) 기독교의 정통

거짓 선생들의 위협에 대해 베드로와 유다는 사도들을 통하여 계시된 하나님의 진리를 사수하고 방어해야 할 필요성을 강조하였다. 인간에게 전달된 하나님의 진리는 이들 서신 여러 곳에서 "진리", "말씀", "메시지", "믿음", "계명", "성경" 등 다양한 용어로 나타난다. '하나님이 전달하신 것'을 나타내는 이 용어들은 본 서신에서 자유롭게 상호 대치된다.

---

78) 빌립보서 1:1; 디모데전서 3:1-7을 사도행전 14:23; 20:17, 28; 디모데전서 5:17-25; 디도서 1:5-9와 대조하라.

베드로전서에서 베드로는 거짓 선생들에 관심과 상관없이, 하나님의 말씀이 위협받고 있음을 보여준다. 그리스도인은 하나님으로부터 계시된 진리에 대한 헌신을 유지해야 한다. 그것만이 영원하며, 생명을 주기 때문이다. 그들에게 선포되어 그들을 거듭나게 한 복음은 살아 있는 하나님의 말씀이다(1:23, 25). 하나님의 메시지에 대한 반응은 매우 중요하다. 이 진리에 순종하면 회개를 통해 죄에서 깨끗하게 된다(22절). 그러나 하나님의 말씀에 불순종하는 것은 예수 그리스도를 믿지 않고 거절하는 것이다(2:7-8; cf. 3:1). 따라서 인간은 하나님의 택하신 "산 돌"이신 예수님을 믿고 나아와 산돌과 같이 하나님의 백성으로 세워져 가는 사람들과 그를 믿지 않고 그 위에 걸려 넘어짐으로 하나님의 백성이 아닌 자들로 크게 나눌 수 있다(2:4-10).

하나님의 진리는 이러한 차이를 가져오기 때문에 베드로는 거짓 가르침과 싸우고 있는 신자들에게 베드로후서를 기록할 때 하나님의 진리를 보다 철저하게 지켜야 할 필요성을 강조하였던 것이다. 베드로는 독자들이 항상 구원과 그리스도인의 성장 및 미래적 사건들에 관한 중요한 진리에 대해 상기해야 할 필요가 있음을 알았다(1:3-12). 그러나 그는 그들이 이미 이것을 알고 있으며, 또한 그들이 "알고 있는 진리"에 섰다고 칭찬한다(12b절). 이 마지막 구절은 문자적으로 "현재적 진리"를 말하는데 그들이 회심할 때 하나님으로부터 받은 진리 및 계속되는 교훈을 뜻한다. 3-11절의 내용이 제시하듯이 이 진리는 복음에 대한 기본적 개념 및 광범위한 신학적 이슈, 그리고 감추어진 윤리적, 신학적 교훈들을 포함한다.[79]

베드로후서 1:12은 하나님의 진리에 확실히 서 있는 그들의 상황에 대해 언급한다("firmly established" [굳게 서다]). 이것은 중요하다. 거짓 선생들은 굳세지 못한 자들이었으며(3:16), 굳세지 못한 영혼들을 유혹하였기 때문이다(2:14). 따라서 편지 말미에 베드로는 다시 한번 그들을 조심하고, 유혹에 빠져 하나님의 진리에 굳게 선데서 떨어지지 않도록 경고하였던 것이다

---

79) 따라서 기독교는 진리의 도(벧후 2:2), 바른 길(15절), 의의 도(21절)로 불린다. 거짓 선생들은 이것에서 벗어난 자들이다.

(3:17). 이와 유사한 내용이 "너희의 지극히 거룩한 믿음 위에 자기를 건축하며 성령으로 기도하며"(유 20절)라는 유다의 호소에 나타나며, 또한 유혹에 빠져가는 다른 사람들을 도우라는 촉구에도 나타난다: "어떤 의심하는 자들을 긍휼히 여기라 또 어떤 자를 불에서 끌어내어 구원하라 또 어떤 자를 그 육체로 더럽힌 옷이라도 싫어하여 두려움으로 긍휼히 여기라"(22-23절). 유다는 24-25절에서 위로의 영광송을 덧붙인다: "능히 너희를 보호하사 거침이 없게 하시고 너희로 그 영광 앞에 흠이 없이 즐거움으로 서게 하실 자 곧 우리 구주 홀로 하나이신 하나님께 우리 주 예수 그리스도로 말미암아."

베드로가 서신을 기록한 목적 가운데 하나는 자신이 죽은 후 그들에게 이 교훈을 기억하게 하기 위해서였다(벧후 1:13-15). 다른 사도와 마찬가지로, 베드로도 예수 그리스도에 대한 증인이자 하나님의 백성들에 대한 진리의 계시자로서 자신의 중요한 역할에 대해 알고 있었다(벧전 5:1; 벧후 1:16; cf. 행 1:21-23; 2:32; 3:15; 4:20, 33; 5:32; 10:39; 13:31; 고전 9:1-2; 요일 1:1-5). 예수님도 앞으로 거짓 선지자들이 일어날 것이며 그들을 조심하라고 경고하신 바 있다(마 7:15; 24:11, 24; 막 13:22; 눅 21:8). 바울은 에베소 장로들에게도 비슷한 경고를 하였다(행 20:28-31). 사도들의 역할은 이와 같이 중요하였기 때문에 초기 교회는 그들의 가르침에 전념하였던 것이다(행 2:42). 이러한 교훈에 대해, 사도들은 하나님으로부터 직접 계시를 받거나(갈 1:11-12, 16; 엡 3:2-12; 벧후 1:18), 주님의 말씀을 직접 들은 사람들의 말을 전하기도 하였으며(고전 11:34; 15:3), 때로는 구약성경에 이미 계시된 내용 및 그리스도의 가르침이나 사역에 대한 성령의 조명으로부터 온 것들이다 (요 14:17, 26; 16:12-15; 고전 2:13; 7:12, 25). 그러나 어떻게 받았든, 사도들의 가르침은 궁극적 원천이 하나님이시기 때문에 권위를 가진다(고전 7:40; 11:34; 14:37; 살전 4:1-2, 8; 벧후 3:2). 사도들은 진리를 만들어 내는 자가 아니며, 하나님의 진리를 교회에 전달하는 통로이다. 이것은 베드로후서 3:2에 분명히 제시된다: "주 되신 구주께서 너희의 사도들로 말미암아 명하신 것을 기억하게 하려 하노라." 또한 베드로후서 3:1-2에는 사도들이 죽은 후 사도들의 가르침을 기억해야 할 필요성에 대해 언급되어 있다(cf. 1:12-15; 유 17절). 사도들의 가르침은 교회가 지향할 삶의 기준을 제공한다.

신약성경에는 사도들의 유전을 "주다", "받다", "부탁하다"[80] 등으로 묘사한 것을 흔히 볼 수 있다(행 16:4; 살전 4:1-2; 살후 2:15; 3:6; 고전 11:2, 23; 15:1-3; 딤전 6:20; 딤후 1:13-14; 2:2). 하나님은 사도들의 가르침의 궁극적 원천이시며, 따라서 그리스도인들은 그것을 굳게 잡아야 한다(행 20:26-32; 롬 6:17; 16:17; 갈 1:6-12; 딤후 1:13-14; 요이 9-11절). 이들 서신은 권위 있는 기독교 진리에 대한 자세에 관해 두 곳에서 언급한다(벧후 2:21; 유 3절). 둘 다 사도들이 가르친 규범을 굳게 붙들어야 할 필요성에 대해 언급한다. 베드로후서 2:21에서 사도는 의의 도를 안 후에 "받은(*paradidōmi*) 거룩한 명령"을 저버리는 것이 배교라고 말한다. 여기서 기독교 진리는 믿음과 순종에 대한 하나님의 요구라는 관점에서 보아야 하며, "거룩한 명령"(3:2에는 이와 유사한 언급이 있다)으로 불린다.

마찬가지로 유다도 자신의 독자들에게 "성도에게 단번에 주신(*paradidōmi*) 믿음의 도를 위하여 힘써 싸우라"(3절)고 촉구한다. 여기서 "믿음"은 객관적 의미를 가진다. 즉 "(그들이) 믿은 것"이나 "믿음이나 순종의 실체"로서, 흔히 사도들의 가르침으로 통한다.[81] 그러나 바우캄(Bauckham)은 여기서의 "믿음"은 협의의 개념으로서, 광의의 기독교 정통이나 규범적 기독교 신앙이라기보다 복음이나 "예수 그리스도를 통한 구원의 핵심적 메시지"를 의미한다고 주장한다.[82] 그러나 신약성경에서 "예수 그리스도를 통한 구원의 메시지"는 결코

---

80) 헬라어로는 *paradidōmi, paradosis, paralambanō* 로 표현된다. 이들은 종교적 전승이나 권위 있는 가르침을 전하거나 받아들이는 것을 의미한다. *paratithēmi*와 *paratheke*는 비슷한 개념을 나타내며, 진리를 맡거나 부탁한다는 의미가 있다. Bauer, Arndt, and Gingrich, *A Greek-English Lexicon of the New Testament*, 614-16, 619, 623.
81) Bauer, Arndt, and Gingrich, *A Greek-English Lexicon of the New Testament*, 664; Rudolf Bultmann, *Theological Dictionary of the New Testament*, s.v. "*pisteuā*" 6:213-14; Green, *Second Epistle General of Peter*, 47. Stevens는 본문의 믿음이 주관적 의미를 가진다고 말한다. "그리스도의 굳센 확신은 하나님의 선물이다"(*Theology of the New Testament*, 312). 그러나 *paradidōmi*는 이런 의미를 가지지 않는다.
82) Bauckham, *Jude, 2 Peter*, 32-33. 그는 이러한 해석을 초기 가톨릭의 유다서 해석에 대한 대답으로 제시한다. 그러나 이 문제에 대한 다른 관점에 대해서는 이어지는 초기 가톨릭에 대한 논쟁을 참조하라.

제한된 영역으로 제시되지 않는다. 또한 이러한 본문에서 *paradidōmi*가 다른 용도로 사용된 경우를 보더라도 믿음을 협의 의 복음으로 한정하는 것은 잘못된 것임을 알 수 있다. 사도들이 전한 것은 기독교 교리와 윤리 전체를 포함한다. 또한 다른 신약성경에서는 객관적 믿음에 대해 광의의 개념으로 다루고 있음을 보여준다(행 6:7; 갈 1:23; 빌 1:27; 딤전 1:19; 3:9; 4:1, 6; 5:8; 6:10, 11, 21; 딤후 4:7; 딛 1:13). 본문에는 제한적 수식어가 없으므로, "믿음"은 기독교 신앙이나 그리스도인들이 믿는 진리 체계, 또는 사도들이 기독교 신앙의 규범으로서 전한 가르침으로 이해되어야 한다. 이 단어는 유다서 20절에서 같은 의미로 사용된다.

이 믿음은 예수 그리스도의 성육신, 가르침, 죽음 및 부활과 같은 역사적 특수성과 하나님께서 사도들을 통해 그에 관해 계시하신 진리에 초점을 맞추고 있다는 점에서 성도들에게 "단번에"(유 3절) 주신 믿음이라고 할 수 있다(cf. 롬 6:10; 히 9:26-28; 벧전 3:18). 그리스도 외에 다른 어떤 터도 제시될 수 없으며(고전 3:11), 이와 같이 계속되는 계시는 사도들 이후에는 이어질 수 없다(cf. 딤후 2:2; 3:14; 참된 사도적 계승은 사도들이 가르친 것을 지키며 그것을 다른 사람들에게 전하는 것이다). 유다가 요구한 것은 이러한 믿음(빌 1:27에 언급된 "신앙"과 유사하다)을 전하고 사수하라는 것이었다. 유다서 3절의 "싸우다"라는 동사는 기독교 진리를 위해, 그리고 그것을 반대하는 자들에 맞서 모든 노력을 기울인다는 의미이다. 유다서 본문이 보여주듯이 여기에는 기독교의 교리적 내용 및 도덕적 요구가 포함된다.[83]

베드로후서와 유다서가 사도들을 통해 주신 하나님의 진리의 중요성 및 그리스도인의 신앙과 행위의 규범으로서 그것을 굳게 붙들어야 한다는 사실에 대해 언급한 것은 확실하다.[84] 그러나 이 주장은 이와 같은 기독교 진리에 대한 접근 방식에 동의하지 않는 많은 사람들에 의해 공격을 받았다. 이들 서신은 초기 교회의 신학적 자유와 창의성을 잃어버린 기독교에 대한 불

---
83) Bauckham, *Jude, 2 Peter*, 32-34.
84) Ladd, *Theology of the New Testament*, 604.

만에서 비롯되었다는 것이다. 이러한 관점에서 이들 서신은 죽은 정통과 로마 가톨릭 교회의 전통주의로 향하는 중요한 단계가 되었다. 이러한 경향을 통칭하여 "초기 가톨릭"이라고 부르며, 이들 서신은 목회서신 및 사도행전과 함께 중요한 원리로 다루어졌다.[85]

초기 가톨릭에 대한 언급은 신약성경 연구에서 종종 발견되지만, 이러한 초기 기독교 발전에 대한 관점은 최근 들어 많은 비판을 받고 있으며, 특히 신약성경 초기의 책이냐 후기의 책이냐에 대한 이분법적 논리는 비판의 대상이 되고 있다.[86] 이러한 접근방식은 가설적 후기 저작의 특정 개념에 대한 왜곡과 과장이 없는 이상, 그리고 초기 저작에 나타난 동일한 특징들을 무시하거나 최소화 하지 않는 이상, 어떠한 가치도 부여할 수 없다. 예를 들어, 앞에서 언급한 대로 사도들을 통해 계시된 하나님의 진리의 중요성과 사도들의 가르침이 교회에 전달되어 신앙과 행위의 규범이 되었다는 개념은 목회서신이나 베드로후서 및 유다서뿐만 아니라 갈라디아서, 데살로니가전후서, 고린도전서 등에서도 발견된다.[87] 이것은 결국 마태복음 28:18-20에서

---

[85] 이 개념의 고전적 표현에 대해서는 Ernst Käsemann, "An Apologia for Primitive Christian Eschatology," in *Essays on New Testament Themes*, Studies in Biblical Theology, trans. W. J. Montague (London: SCM, 1964), 169-95, and "Paul and Early Catholicism," in *New Testament Questions of Today,* trans. W. J. Montague (Philadelphia: Fortress, 1969), 236-51를 참조하라. James D. G. Dunn은 이러한 경향에 대해 훌륭한 요약을 제시하고 베드로후서와 유다서를 그것의 예로 다루었다(*Unity and Diversity in the New Testament: An Inquiry into the Character of Earliest Christianity* [Philadelphia: Westminster, 1977], 341-66).

[86] Martin Hengel, *Acts and the History of Earliest Christianity* (London: SCM, 1979), 121-22; I. Howard Marshall, Early Catholicism' in the New Testament," in *New Dimensions in New Testament Study*, ed. Richard N. Longenecker and Merrill C. Tenney (Grand Rapids: Zondervan, 1974), 217-31.

[87] Blum, "2 Peter," in *The Expositor's Bible Commentary*, 272; Green, *Second Epistle General of Peter*, 47, 159; E. Earle Ellis, "Prophecy and Hermeneutic in Jude," in *Prophecy and Hermeneutic in Early Christianity: New Testament Essays* (Grand Rapids: Eerdmans, 1978), 233. 베드로후서와 갈라디아서의 개념상의 대조에 관해서는 William R. Farmer, "Some Critical Reflections on Second Peter: A Response to a Paper on Second Peter by Denis Farkasfalvy," *Second Century* 5 (1985-86): 32-34를 참조하라.

예수께서 제자들에게 말씀하신 내용(그가 명령한 모든 것을 가르쳐 지키게 하라)으로 돌아간다. 이것은 특히 베드로후서 및 유다서에서 더욱 많은 관심의 대상이 되고 있는데 그 이유는 당시 거짓 가르침에 의해 진리가 위협을 받고 있었으며 사도들은 곧 교회를 떠나야 했기 때문이다. 그러나 신약성경의 서신서와 같이 일시적 필요에 의해 기록된 문헌("occasional" literature)의 경우 독자들의 필요에 따라 주제가 논의되었다. 많은 기초적 개념들은 특별히 위협을 받지 않는 한 분명히 드러나지 않았다. 결국 비평가들은 초기 가톨릭의 모든 이론이 신약성경 자체가 아닌 자유주의적 개신교가 선호하는 기독교에 적합한 것들에 근거하고 있음을 관찰하였다.[88] 이러한 접근은 베드로후서나 유다서와 책들에 대한 정당한 해석을 하기보다 왜곡하기 쉽다.[89]

2) 성경의 권위

베드로후서에서 하나님의 말씀, 진리, 및 사도적 신앙은 "성경"과 밀접하게 연결된다. 이것은 특히 이들 서신에서 성경에 관한 가장 중요한 본문인 베드로후서 1:19-21에서 두드러진다. 본문의 앞에서 이어지는 불과 10구절 안에, 그리스도인이 가진 진리(12-15절), 그리스도에 대한 사도적 증거와 하늘로부터의 소리(16-18절), 그리고 예언과 성경의 예언 및 성령의 감동하심을 입은 선지자가 하나님으로부터 받아 전한 말씀(19-21절) 등이 언급된다. 이러한 언급은 서로 결합되어 있다. 예를 들어, 베드로는 그리스도의 재림에 대한 사도적 가르침(16절)에 대해 변화산에서 목격한 내용[90]과 구약성경의

---

88) Denis Farkasfalvy, "The Ecclesial Setting of Pseudepigraphy in Second Peter and Its Role in the Formation of the Canon," *Second Century* 5 (1985-86): 25-29; Tord Fornberg, *An Early Church in a Pluralistic Society: A Study of 2 Peter*, Coniectanea Biblica, NT Series (Lund: Gleerup, 1977), 3-6.
89) Jerome H. Neyrey, "The Form and Background of the Polemic in 2 Peter," *Journal of Biblical Literature* 99 (1980): 407, 430-31; Roman Heiligenthal, *Zwischen Henoch und Paulus: Studien zum theologeigeschichtlichen Ort des Judasbriefes* (Tübingen: Francke, 1992). 64-70.
90) 변화산 사건은 그리스도께서 능력으로 재림하실 것임을 보여준다. 이것은 그가 영광 중에 오실 것임을 예시하기 때문이다. W. L. Liefeld, "Transfiguration," in *Dictionary of Jesus and the Gospels*, ed. Joel B. Green and Scot McKnight (Downers Grove, Ill.: InterVarsity, 1992), 834-41.

확인(17-21절)을 통해 뒷받침한다. 거짓 선생들은 재림을 인간의 생각이라고 거절했으며("공교히 만든 이야기" [16절]), 베드로는 이것이 신적인 기원에서 나온 것임을 다시 한번 확인할 필요가 있었다.[91] 변화산에서 그리스도의 위엄에 대한 목격자이자(16절) 그의 메시아적 지위를 인정하는 하늘의 소리를 들은 자로서(17-18절) 개인적 경험을 언급한 후에 19-21절에서 성경에 대한 증거를 덧붙인다.

19a절의 의미와, 변화산 사건과 구약성경 사이의 연결은 논란이 되고 있다. 본문은 일반적으로 "우리에게 더 확실한[more certain] 예언이 있어"(cf. RSV, NIV, NASB)로 해석된다. 이 말의 의미는 변화산 사건이 예수님이 재림에 관한 예언적 메시지의 가치를 확인하고 인정한다는 것이다.[92] 이 해석도 일리가 없는 것은 아니지만, 20-21절에 언급된 성경에 대한 관점에서 볼 때, 베드로가 성경에 대한 확인이나, 또는 성경의 확실성과 변화산 사건의 확실성을 비교한 내용으로 보이지는 않는다. 오히려 그는 성경의 권위에 대해 강력히 주장한다. 즉, "또 우리에게 더 확실한[altogether reliable: 전적으로 믿을 수 있는] 예언이 있어"라고 해야 한다.[93] 본문의 "예언의 말씀"은 확실히 그리스도의 영광스러운 재림에 대한 구약성경의 예언을 포함한다. 그러나 1세기 당시 모든 구약성경은 성령의 산물로 여겼으며, 따라서 "예언"으로 생각하였다. 특히 기독교의 경우 예수 그리스도께서 구약성경을 통해 예언된 분으로 생각하였기 때문에(눅 24:27; 요 5:46) 더욱 이러한 확신을 가지고 있었다. 따라서 "예언의 말씀"은 모든 히브리 성경을 포함한다.[94]

---

91) Bauckham, *Jude, 2 Peter*, 205, 213-15, 221-22; Jerome H. Neyrey, "*The Apologetic Use of the Transfiguration in 2 Peter 1:15-21*," *Catholic Biblical Quarterly* 42 (1980): 506-9.
92) 다양한 의견에 대한 평가에 관해서는 Bauckham, *Jude, 2 Peter*, 223-27; Green, *Second Epistle General of Peter*, 86-87; Neyrey, "Apologetic Use of the Transfiguration," 514-16를 참조하라.
93) Bauer, Arndt, and Gingrich, *A Greek-English Lexicon of the New Testament*, 138. Neyrey, "The Apologetic Use of the Transfiguration," 515-16. "매우 믿을만한"은 헬라 그리스어에서 비교와 관련하여 종종 발견되는 문법적 용례이다. Blass-Debrunner-Funk, *A Greek Grammar of the New Testament*, §§60-61, 244.

성경의 권위는 확실하기 때문에 독자들은 거짓 선생들과의 싸움에서 성경에 유의해야 한다(벧후 1:19b). 베드로는 그들의 상황과 정확히 일치하는 언급을 통해 성경을 "어두운데 비취는 등불"이라고 말한다(cf. 시 119:105). 영적으로 무지하고 진리를 거부하는 세상에서 성경에 모든 주의를 기울여야 한다. 성경은 그리스도의 오심으로 하나님의 완전한 계시가 드러나 빛으로서의 역할을 더 이상 할 수 없을 때까지 그리스도인들을 인도하실 것이다.[95]

베드로는 성령의 영감에 대한 기독교의 고전적 언급 가운데 하나를 인용하여 성경의 권위에 대한 확신(19절)을 피력한다(20-21절).[96] 본문에서 이들 구절은 성경이 단순한 인간의 산물이 아니라 하나님으로부터 온 것임을 강조한다. 따라서 그리스도의 재림에 관한 사도들의 가르침을 거절한 거짓 선생들은 사도들의 책망뿐 아니라 하나님의 심판을 받게 될 것이다.

성경의 원천이 하나님임을 강조한 내용은 21절에 분명히 제시된다("사람의 뜻으로 낸 것이 아니요... 하나님께 받아"). 그러나 이것은 20절의 "경의 모든 예언은 사사로이 풀 것이 아니니"라는 언급도 동일한 내용을 강조한다. 본문의 마지막 구절은 다양하게 해석되었다. RSV와 NASB는 "경의 모든 예언은 스스로 풀 것이 아니니"(KJV의 "사사로이 풀다"와 유사), 그리고 NEB는 "아무도 스스로 경의 예언을 풀 것이 아니니"라고 번역한다. 이와 같이 본문은 아무도 성경을 교회의 인도나 권위와 무관하게 독자적으로 풀 수 없다는 뜻으로 받아들여졌다. 이것은 종종 베드로후서에서 "초기 가톨

---

94) Bauer, Arndt, and Gingrich, *A Greek-English Lexicon of the New Testament*, 724; Erik Sjöberg and Eduard Schweizer, *Theological Dictionary of the New Testament*, s.v. *"pneuma,"* 6:381-86, 398, 407-9, 454, Gerhard Friedrich, *"prophētēs,"* 6:856-57; Kelly, *Epistles of Peter and Jude*, 321; Bauckham, *Jude, 2 Peter*, 224. 사도행전 2:30; 3:18-26; 13:16-41; 히브리서 1:1을 참조하라.
95) Green, *Second Epistle General of Peter*, 87-89.
96) 이들 구절은 영감의 방식을 설명함으로 성경이 하나님의 말씀임을 강조한다. 즉 성령의 인도하심을 받은 사람들이 하나님으로부터 받은 것을 말한다. 디모데후서 3:16-17은 이 내용을 보충하며, 영감의 결과에 대해 언급한다. 성경은 "하나님의 영감으로 된 책으로 그리스도인의 삶을 위해 주어졌다.

락"이나 후기 가톨릭교회의 법제화된 교도권을 선호하는 사람들의 관점이 되었다.[97] 이 해석의 변형된 형태로는 예언을 특이한 해석이나 개인적 판단에 근거하지 않고, 광의의 사도적 전승, 또는 사도적 전승의 일부로 받아들이는 것이다.[98] 이것은 베드로후서의 본문과 잘 부합된다. 거짓 선생들은 성경을 자신들의 유익을 위해 왜곡하였기 때문이다(3:16).

그러나 베드로후서 1:20은 예언에 대한 후기적 설명이 아니라 원래의 예언 자체에 대한 언급이라는 사실을 보여주는 몇 가지 중요한 사항이 있다. 20b절의 동사(*ginetai*[아니니])는 이런 의미에 훨씬 잘 맞는다. 이 단어는 주로 "이다"라는 의미보다 "되다, 일어나다"라는 의미로 사용된다. "사사로이"(*idios*)는 고대 헬라어의 용법에서 메시지의 기원에 관한 논쟁에서 자주 언급되는 표현이다. 본문에서 "사사로이"라는 표현의 용법은 단순한 인간의 메시지(즉 "스스로" 말하는 것)와 하나님으로부터 오는 메시지를 비교한다.[99] 따라서 이 의미는 "개인적인"과 "광의로 인정된"의 대조가 아니라 "인간의" 메시지와 "하나님의" 메시지의 차이로 받아들여야 한다. 끝으로, 핵심 단어인 "풀다"(*epilyseōs*[해석하다])는 선지자가 기록한 내용에 대한 후기 설명이라는 주장을 강력히 뒷받침한다. 그러나 이 단어는 예언에 대해 기술하고 있는 구체적인 본문(베드로후서 1:20에서와 같이) 안에서는 다른 의미로 나타난다. 예언적 활동을 묘사하는 본문에서 이 용어는 종종 선지자에 대한 하나님

---

97) Käsemann, "An Apologia for Primitive Christian Eschatology," 189-91; Kelly, *Epistles of Peter and Jude*, 324 (Käsemann처럼 강조하지는 않았다); Dunn, *Unity and Diversity in the New Testament*, 358(이 주장 역시 하나의 가설로 볼 수 있음); Henning Paulsen, *Der Zweite Petrusbrief und das Judasbrief*, Kritischexegetischer Kommentar über das Neue Testament (Göttingen: Vandenhoeck & Ruprecht 1992), 123-24.
98) Bauer, Arndt, and Gingrich, A Greek-English Lexicon of the New Testament, 369; F. Büchsel, *Theological Dictionary of the New Testament*, s.v. "*luō*," 4:337; Gerhard Friedrich, "*prophētēs*," 6:833; Blum, "2 Peter," in The Expositor's Bible Commentary, 275. 어떤 예언도 다른 예언과 분리하여 해석할 수 없다는 개념은 본문에 대한 바른 해석이 아니다.
99) 예를 들어, 예레미야 23:16과 에스겔 13:3을 비교하라. Bauckham, *Jude, 2 Peter*, 229-30에 언급된 예를 참조하라.

의 계시에 있어서의 두 번째 단계로 사용되었다. 첫 번째 단계는 하나님의 환상이나 꿈 및 표적으로서 선지자에게 주어진다. 이것도 중요하지만 하나님의 메시지를 이해하기 위해서는 반드시 그 해석을 알아야 한다. 따라서 두 번째 단계는 바로 이 환상이나 상징에 대한 해석을 하나님께서 계시하시는 것이다.[100] 선지자는 상징에 대한 하나님의 설명이 있어야만 메시지를 진정으로 전할 수 있다. 이와 같이 예언적 환상이나 그것에 대한 해석을 포함한 모든 예언은 하나님으로부터 나온다. 넓게 보면 하나님이 주신 해석은 전체 예언, 또는 분명한 상징이나 이상이 없는 예언의 한 부분이라고 할 수 있다. 따라서 "경의 예언은 사사로이 풀 것이 아니니"라는 말씀은 예언적 성경이 인간이 아니라 하나님으로부터 기원되었음을 말해준다.[101]

이와 같이 21절은 동일한 내용을 강조한다. 본문은 거짓 선생들에 대한 베드로의 주장에 있어서 매우 중요한 내용이기 때문이다. "예언은 언제든지 사람의 뜻으로 낸 것이 아니요 오직 성령의 감동하심을 입은 사람들이 하나님께 받아 말한 것임이니라." "예언"(21절)과 "경의 예언"(20절)은 19절의 "예언"[the prophetic word[예언의 말씀])과 관련하여 위에서 주장한 것과 같이 구약성경 전체를 지칭한다. 유대인과 그리스도인이 구약성경을 넓은 의미에서 "예언적"이라고 말하는 것은 모든 성경이 영감으로 기록되었다는 사실에 대한 믿음 때문이다(21b절). 베드로는 앞에서 구약성경 선지자들이 그리스도의 고난과 영광에 대해 예언할 때 성령의 사역이 함께 하였다고 언급한 바 있다(벧전 1:10-12). 그러나 베드로후서 1:21에서 그는 성경에 대한 성령의 영감을 보다 구체적으로 제시한다.

21절의 기본적 전제는 "사람이 하나님께 받아 말한다"는 것이다. 구약성경 저자들은 인간의 뜻이나 통찰력만으로 "예언적" 문서를 기록하지 않았

---

100) 창세기 40:8; 41:8, 12; 아모스 7-8장; 예레미야 1장; 스가랴 1-6장; 다니엘 7-8장.
101) 이 관점은 Bauckham, *Jude, 2 Peter*, 228-35에 제시된다. 또한 이것은 Stevens, *Theology of the New Testament*, 320-21; Green, *Second Epistle General of Peter*, 89-92; D. Edmond Hiebert, "The Prophetic Foundation for the Christian Life: An Exposition of 2 Peter 1:19-21," *Bibliotheca Sacra* 141 (1984): 164-65 등에서도 발견된다.

다. 그들이 전달한 말씀의 원천은 하나님이시다. 이 일을 가능하게 하는 수단은 성령의 "감동하심을 입은"(*pheromenoi*)이라는 분사에 의해 제시된다. 베드로후서 1:21의 비유적 의미는 사도행전 27:15, 17에서 바람과 풍랑에 밀려간다는 문자적 의미로 제시된다.[102] 그들은 메시지를 전할 때 성령에 의한 감동으로 전하였기 때문에 그들이 전한 것은 "사람의 뜻"이 아니라 "하나님께 받은" 것이었다. 그 결과 구약성경은 "전적으로 믿을 수 있는"(벧후 1:19[확실한]) 예언이었던 것이다.

이 구절은 짧지만 강력하게 "협력적 영감"(concursive inspiration) 교리를 주장한다.[103] 이것은 성경의 기록이 하나님과 인간 저자의 산물이며 둘 다 적정 역할을 한다는 사실을 보여준다. 성경을 기록함으로 메시지를 전달하는 것은 사람이다. 그들은 자신의 문체와 종교적 배경, 그리고 역사적, 문화적 상황을 그대로 반영한다. 그러나 성령께서 그들의 기록을 인도하심으로 그들이 기록한 내용은 자신의 뜻이나 통찰력만이 아니라 하나님으로부터 받은 내용이 되는 것이다. 즉 사람이 말한 것은 분명하나 성령의 감동을 통해 나왔다는 것이다. 이러한 감동을 헬라적 방식으로 해석해서는 안 된다. 즉, 저자는 단순히 성령에 의해 완전히 압도되어 환상 가운데 하나님의 구술기관으로 전락하지는 않았다는 것이다.[104] 이것은 필로의 관점이며 랍비적 영감 개념이 되었다. 그러나 쉬렝크(Schrenk)는 신약성경의 증거를 근거로 다음과 같이 주장하였다. "유대교보다 초기 기독교에서 더욱 저자의 인격에 보다 큰 의미를 두었다. 그러나 이것은 성경이 하나님의 말씀이라는 기본적 확신을 약화시키지 않는다."[105] 신약성경은 구약성경을 하나님과 사람의 산물로 본다(마 1:22; 2:15; 22:43; 막 12:26, 36; 행 1:16; 3:18; 4:25; 28:25).

---

102) Bauer, Arndt, and Gingrich, *A Greek-English Lexicon of the New Testament*, 855.
103) D. A. Carson, "Recent Developments in the Doctrine of Scripture," in *Hermeneutics, Authority, and Canon*, ed. D. A. Carson and John D. Woodbridge (Grand Rapids: Zondervan, 1986), 5-48. 그는 협력적 영감에 대해 "하나님은 주권적으로 인간의 기록(성경)을 초자연적으로 간섭하시어 그 결과 하나님의 말씀으로서 전혀 부족함이 없으며 전체가 완전하다"(p. 45; cf. p. 29)고 정의한다.
104) Colin Brown (*The New International Dictionary of New Testament Theology*, s.v. "*pneuma*," 3:705). 헬라적 영감에 대해서는 Hermann Kleinknecht, *Theological Dictionary of the New Testament*, s.v. "*pneuma*," 6:342-52를 참조하라.

따라서 영감에 대한 베드로의 가르침은 성령께서 성경의 저자들을 인도하시어 그들이 기록한 것이 참으로 하나님의 말씀이 되게 하신다는 것이다. 그러므로 성경에 기록된 것은 모두 하나님의 말씀이다. 이것은 예수님과 초기 교회의 성경관이기도 했다.106) 때때로 디모데후서 3:16과 베드로후서 1:21은 이러한 관점의 영감이 대표적이 아니며 신약성경의 "변방"에 속한다는 주장으로 얼버무려 넘기기도 하였다.107) 영감 교리의 가장 분명한 형태는 디모데 3:16과 베드로후서 1:21이다. 그러나 다른 구절에도 동일한 전제가 있다. 이에 대해 쉬렝크는 "하나님께서 성경을 통해 말씀하신다는 강조나... 또는 주께서 선지자를 통해 말씀하신다는 것은 영감교리에서 문제가 되고 있는 부분과 정확히 동일한 문제이다.108)

성경은 하나님의 말씀이기 때문에 베드로와 유다는 자신들의 교훈에서 그것을 직접 인용하거나 암시하고 그 권위를 인정하였다. 베드로는 베드로전서에서 구약성경을 9번 인용하고 20번 암시하였다. 이것은 본문의 분량에 비해 상당히 많은 양이다.109) 베드로후서나 유다서도 심판의 확실성을 주장하는 부분(베드로후서 2:4-10, 15-16; 유 5-7, 11-13절)이나 다른 곳(베드로후서 3:4-13; 유 9, 22-23절)에서 구약성경을 직접 인용하거나 암시한다. 유다

---

105) Gottlob Schrenk, *Theological Dictionary of the New Testament*, s.v. "graphē," 1:757-58. 그는 마태복음에서 인간 저자에 관심을 보이고 있는 다음 구절을 인용한다: 2:5, 17, 23; 3:3; 4:14; 8:4, 17; 12:17; 13:14, 35; 22:24; 24:15; 27:9.
106) John W. Wenham, Christ and the Bible, 2d ed. (Grand Rapids: Baker, 1984), 11-37, 84-108. 이것은 1세기 유대교의 관점이기도 했다. "후기 유대적 관점에 의하면 성경은 거룩하고 권위가 있으며 규범적 중요성을 지닌다. 그것은 영원하며 비판의 여지의 없는 가치를 가진다... 영감 교리를 한 마디로 함축하면 성경의 모든 단어에 하나님의 진리가 계시되어 있다는 것이다"(Schrenk, *Theological Dictionary of the New Testament*, s.v. "graphē" 1:755).
107) James Barr, *Beyond Fundamentalism* (Philadelphia: Westminster, 1984), 4-5.
108) Schrenk, *Theological Dictionary of the New Testament*, s.v. "graphē", 1:757. 그는 이 주장을 뒷받침하기 위해 다음 구절들을 인용한다. 마태복음 1:22; 2:15; 15:4; 19:5; 22:31, 43; 마가복음 12:26, 36; 사도행전 1:16; 3:18; 4:25; 28:25; 고린도전서 14:21; 고린도후서 6:17; 로마서 12:19; 에베소서 6:17; 히브리서 3:7; 9:8; 10:15.
109) Davids, *First Epistle of Peter*, 24-25.

는 외경(Assumption of Moses[9절])에 나오는 내용을 암시하며 다른 외경에서 한 구절을 인용한다(에녹1서 1:9[14-15절]). 정경이 아닌 책에서 인용하였다는 것 자체는 아무런 문제가 되지 않는다. 바울은 헬라 세속 저자들의 글을 여러 번 인용하였다. 그는 그들의 책의 영감이나 권위는 개의치 않았다. 다만 그들의 구체적 언급이 자신의 주장을 제시하기에 적합했기 때문이었다(행 17:28; 고전 15:33; 딛 1:12). 그러나 유다는 에녹1서에 언급된 "아담의 칠세 손 에녹"의 역사성을 믿었으며, 그것이 영감 된 예언이라고 받아들인 것으로 보인다. 1세기에 에녹에 관한 유대 전승은 풍성하고 다양하게 존재했다. 이들은 대부분 하늘에서 일어나는 일이나 세상의 미래에 관한 하나님의 계획에 대한 그의 통찰력과 관련된다. 창세기 5:24는 "에녹이 하나님과 동행하더니 하나님이 그를 데려 가시므로 세상에 있지 아니하였더라"고 언급한다. 유다는 에녹1서 전체에 대한 정경성이나 신적 권위에 대한 언급 없이 이러한 전승을 받아들였다.[110]

성경에 관한 다른 중요한 본문에서 베드로는 자신의 종말론 주장을 뒷받침하기 위해 바울의 편지에 대해 언급한다(벧후 3:15-16). 이 구절에서 특이한 것은 베드로가 바울 서신을 구약성경과 동일한 권위를 부여하여 "성경"에 포함시켰다는 것이다.[111] 베드로는 거짓 선생들이 다른 구약성경과 같이 (그리고, 아마도 신약성경에 포함된 다른 책) 바울 서신도 왜곡하였다고 말한다: "그 중에 알기 어려운 것이 더러 있으니 무식한 자들과 굳세지 못한 자들이 다른 성경과 같이 그것도 억지로 풀다가 스스로 멸망에 이르느니라."

---

110) 이 문제에 관한 다른 주장들에 대해서는 George Lawrence Lawlor, *Translation and Exposition of the Epistle of Jude* (Nutley, N.J.: Presb. & Ref., 1972), 101-2 (유다는 에녹1서에 대해 모른 채 에녹의 전승을 인용하였다); Ellis, "Prophecy and Hermeneutic in Jude," 224-25 (유다의 인용은 정경이 아니더라도 성경에 대한 해석이나 확장은 성경과 동일한 권위를 부여한다는 원리를 보여준다). Walter M. Dunnett, "The Hermeneutics of Jude and 2 Peter: The Use of Ancient Jewish Traditions," *Journal of the Evangelical Theological Society* 31 (1988): 289 (유다는 에녹1서 1:9을 "영감된 역사적 진실"로 받아들였다).
111) 디모데전서 5:18에도 유사한 내용을 볼 수 있다. 본문은 "성경에 일렀으되"라는 말로 시작하여 신명기 25:4와 누가복음 10:7을 연속해서 인용한다.

16b절 같은 본문에서 베드로는 "그 받은 지혜대로"라는 말로 바울의 가르침이 신적 기원을 가지고 있음을 암시한다(15b절). 이것은 하나님으로부터 지혜를 받았다는 의미로, 소위 "신적 수동태"임이 확실하다.[112] 또한 베드로의 바울에 대한 인용은 바울의 편지가 베드로와 그의 독자들은 물론 거짓 선생들에게도 권위를 가지고 있었음을 보여준다.

바울 서신을 신적 권위를 가진 성경으로 보았다는 것은 위에서 살펴본 베드로(초기 교회)의 생각에 대한 논리적 비약이라고 할 수 있다. 만일 사도들이 하나님의 진리를 교회에 전달하는 중요한 역할을 하였으며, 성령의 인도하심을 통해 구약성경의 권위를 하나님의 예언적 말씀으로 구별했다면, 바울 서신은 처음부터 권위를 가졌을 것이다. 바울 자신은 말씀의 독특한 권위에 대해 잘 알고 있었으며(고전 2:13; 7:25, 40; 14:37; 갈 1:11-12, 16; 엡 3:2-12; 살전 4:1-2, 8), 자신의 편지가 교회를 가르치는데 사용되기를 원하였다(골 4:16; 살전 5:27). 초기 공동체가 처음부터 바울 서신의 권위를 인정하고 모든 교회에 보낸 전체 교회에서 그의 편지를 돌려보고 그것을 모아 보관하였다는 것은 자연스러운 일이다. 베드로후서의 이러한 언급들은 바울서신이 기록된 후 얼마 되지 않아 그의 서신을 모은 묶음이 존재하였다는 것과("그 모든 편지"[3:16a]) 권위를 가지고 있었음을 보여준다. 신약성경의 권위 있는 정경으로 받아들이는 과정은 매우 일찍부터 시작되었던 것이다.[113]

3) 이단에 대한 반응

베드로후서와 유다서에는 이단에 관한 언급이 많다. 이들 서신에서 거짓 선생들에 대한 저자의 반응은 앞에서 언급한 대로 이들이 정통적 진리를 거부한 데서 나온다. 그들이 거절한 이유는 사도들을 통해 전달된 하나님의 진리와 성경을 떠나 있었기 때문이다. 사도들의 가르침을 거절하고 성경을 왜곡한 자들은 하나님을 반대하였으며, 그들을 따르는 자들과 함께 멸망을 자초하고 말았다. 자세한 언급은 없으나 그들이 이 일로 심판을 받았다는 것은

---

112) Bauckham, *Jude, 2 Peter*, 329.
113) Green, *Second Epistle General of Peter*, 28-30, 148; David G. Dunbar, "The Biblical Canon," in *Hermeneutics, Authority, and Canon*, 318-23.

확실하다. 그리스도인들은 거짓 선생들을 배격해야 하며 위협에 빠진 기독교 진리를 지켜야 한다(벧후 1:12-15; 2:1-3, 21; 3:16-18; 유 3-4절).114)

베드로후서와 유다서에 제시된 거짓 가르침의 구체적 본질은 본 주제와 중요한 관련은 없으나115) 사도적 진리를 떠난 이단의 일반적 특징에 대해서는 유의해야 한다. 거짓 선생들은 신앙과 행동에 있어서 신학적, 윤리적으로 기독교 진리를 떠난 자들이다. 그들은 사도적 가르침을, 특히 그리스도의 재림과 관련하여 신적 진리가 아니라 꾸며낸 신화로 여겼다(벧후 1:16). 그들은 주 예수를 부인하였다(2:2; 유 4절). 아마도 그들은 그의 신적 위엄(벧후 1:16)과 구속의 필요성을 거절하였을 것이다("자기들을 사신 주를 부인하고" [2:1]). 그들은 또한 예수 그리스도를 장차 올 심판자로 믿지 않았으며, 그에게 강퍅한 말을 하고(유 14-15절), 신적 심판을 부인하였다(벧후 2:3-10; 유 5-7, 13절).116) 더욱이 미래적 심판을 조롱하고 그리스도께서 다시 오신다는 것을 비웃었다(벧후 3:3-4). 일반적으로 그들은 거짓을 가르치고(2:1, 3; 3:17), 공동체를 속이고 가만히 들어와 말로 유혹한다(2:1; 유 4절). 그들은 자신을 따르는 자들에게 많은 것을 약속하나 실상은 아무런 유익도 되지 못한다(2:19; 유 12절)

---

114) 따라서 이단을 물리치라고 촉구하는 동기는 교회의 절대적 지도자의 편에서 권력을 유지하기 위함이 아니다(Michel Desjardin, "The Portrayal of the Dissidents in 2 Peter and Jude: Does It Tell Us More about the "Godly' than the "Ungodly'?" *Journal for the Study of the New Testament* 30 [1987]: 89-102). 이것은 다른 신약성경의 일반적인 관점은 물론 베드로후서와 유다서에 대한 분명한 왜곡이다.

115) 자세한 내용은 Bauckham, *Jude, 2 Peter*, 11-13, 154-57; D. J. Rowston, "The Most Neglected Book in the New Testament," *New Testament Studies* 21 (1974-75): 555-57; Neyrey, "The Apologetic Use of the Transfiguration," 504-19를 참조하라. 두 서신 모두 두 교회 이상에 적용시킬 수 있는 일반적인 내용으로 보인다. 그러나 Frederik Wisse의 주장처럼, 서신의 내용으로 볼 때 구체적 거짓 교사들이 나타나며, 이단에 대한 전형적 논증도 아닌 것 같다("The Epistle of Jude in the History of Heresiology," in *Essays on the Nag Hammadi Texts. in Honour of Alexander Bolig*, ed. Martin Krause [Leiden: Brill, 1972], 133-43.

116) Cf. Neyrey, "Form and Background of the Polemic in 2 Peter," 407-31; Carroll D. Osburn, "The Christological Use of 1 Enoch 1:9 in Jude 14-15," *New Testament Studies* 23 (1966-77): 334-41.

그들은 거짓된 삶을 살며(벧후 2:15; 유 11절) 그리스도인의 삶의 방식을 훼방한다(벧후 2:2). 그들의 행위는 극도로 방탕하며, 다른 사람들로 하여금 호색하는 것을 좇게 한다(2:2, 10, 13-14, 18; 3:3; 유 4, 7, 16, 18절). 그들은 경건치 않고 무법하며(벧후 2:6; 3:7, 17; 유 4, 15절), 육에 속한 자로서 성령은 없는 자들이다(유 19절). 그들은 탐심과 사리사욕을 위해 행한다(벧후 2:3, 14; 유 12, 16절). 그들은 그리스도의 주되심과 모든 권위를 부인하고, 교만하며, 분열을 획책한다(벧후 2:10; 유 8, 11, 16, 19절). 이러한 교리적 오류는 종종 도덕적 타락을 수반하며, 결국 자신의 배만 채우는 자들이 된다(롬 16:17-18; 딤전 1:6, 19; 4:1-2; 6:3-5; 딤후 3:1-9).

이와 같이 타락한 이단이 기독교 교회에서 용납되었다는 사실을 믿지 못하는 사람도 있다.[117] 그러나 이들 서신에서 볼 수 있듯이 거짓 선생들은 결코 사도적 교리와 행위를 파괴하려는 의도를 드러내지 않았다. 그들은 1세기에 유행하였던 순회 전도자와 같이(cf. 행 13:15; 요이 7-11절; Didache 11.1-12; 13.1-7) 비밀리에 가만히 들어왔다(유 4절; cf. 갈 2:4). 또는 공동체 내에서 자생적으로 일어나 나중에 이단적 가르침을 외부에서 가만히 들어왔다(벧후 2:1; cf. 행 20:29-30; 롬 16:17-18). 어느 쪽이든 거짓 선생들은 받아들여졌으며 영향을 끼치기 시작하였다. 그러나 이들은 처음부터 거짓 형제들이었으며(cf. 갈 2:4), 하나님의 정죄 아래 있는 자들이었다(벧후 2:1-3; 유 4절). 그들의 참 모습이 들어 났을 때, 그들은 이미 공동체 내에서 발판을 구축하고 있었으며, 특히 굳세지 못한 자들과 헌신되지 못한 자들에게서 더욱 그러하였다(벧후 2:14, 18). 거짓 선생들과 그들을 따르는 자들은 진리를 알면서도 거짓 가르침 때문에 기독교를 부인하였으므로 더 큰 정죄를 당할 것이다(2:17-22절).[118]

---

117) Wisse, "Epistle of Jude in the History of Heresiology," 136-37. Wisse는 실제적 사역의 경험과 언론을 통해 이것이 사실임을 주장한다.
118) Blum, "2 Peter," in *The Expositor's Bible Commentary*, 282-83. 다른 주장(20-22절은 배도에 관한 언급이 아니라 다시 죄의 길에 빠진 새로운 그리스도인에 관한 언급이다)에 대해서는 Duane A. Dunham, "An Exegetical Study of 2 Peter 2:18-22," *Bibliotheca Sacra* 140 (1983): 40-54.

당시 교회들에 있어서 거짓 선생들의 출현은 하나의 전형에 대한 성취이다. 즉, 구약성경에서 하나님의 백성들 사이에 거짓 선지자들이 일어났던 것처럼, 당시에도 그리스도인들은 악한 세력이 하나님의 진리를 반대하고 그의 백성들을 혼란시키기 위해 일어날 것이라고 생각할 수 있다. 이와 같이 베드로는 장차 거짓 선생들이 나타날 것이라고 예언하였으며(2:1-3; 3:3), 이미 독자들 가운데도 활동하고 있다고 말하였던 것이다(2:10-22). 그들의 출현은 구약성경에서 볼 수 있는 하나의 전형을 성취하는 것이기 때문에 옛적에 하나님을 반대한 자들이 하나님의 심판을 받은 것과 같이 이들 거짓 선생들에 대해서도 심판이 이를 것이다(벧후 2:1-22; 유 3-16절).[119]

5. 종말론과 심판

이들 서신의 종말론은 심판의 확실성에 초점을 맞춘다. 이것은 베드로후서와 유다서의 거짓 선생들에 대한 반응 때문이다. 그러나 다른 여러 가지 종말론적 주제들도 나타나며, 이들은 베드로서와 유다서의 신학에 있어서 중요한 위치를 점한다.

종말론적 성취의 시대로서 현재는 다른 신약성경에서와 마찬가지로 이들 서신에서 중요한 주제이다. 구속사를 돌이켜볼 때 현재는 예언의 결정적 성취의 시대이다. 말세는 그리스도의 오심으로 시작되었다. 하나님은 창세 전에 구속을 위해 그를 세우시고 이 "말세에" 그리스도인들을 위해 나타나셨다(벧전 1:20). 구약의 선지자들이 메시아의 고난과 영광에 대해 예언한 것은 지금 현재 신자들이 누리는 은혜와 구원에 대해 언급하였던 것이다(10-12절). 다른 여러 구절에서 베드로는 "이제는"이라는 용어를 사용하여 지난 시대와 대조되는 현재적 성취에 초점을 맞춘다(2:10, 25; 3:21). 그러나 현재적 축복 역시 장차 올 미래적 절정을 대망한다. 신자들은 현재적 소유로서

---

119) J. Daryl Charles, "'Those' and 'These': The Use of the Old Testament in the Epistle of Jude," *Journal for the Study of the New Testament* 38 (1990); 109-24.

구원을 누리나, 동시에 미래적 완성으로서의 구원을 기다린다(1:4-5, 9, 13). 예수 그리스도는 이미 살아나셨으며 하늘의 영광을 얻으시고 하나님 우편에 계신다(1:21; 3:22). 그러나 그의 영광은 아직 이 땅에 나타나지 않았으며 (4:13), 그의 백성들은 고난 가운데 장차 그의 영광에 동참할 것을 기대한다 (1:7; 5:1, 4, 10).[120]

따라서 아직 절정이 남아 있으며, 이들 서신에 의하면 그 시기는 매우 임박하다. 베드로가 "지금은"이라고 한 말은 때때로 현재와 앞으로 올 시대를 대조하며(1:6, 8), 현재의 고난은 단지 "잠간"이며 곧 하나님의 구원이 이를 것이다(6절; 5:10). 사실 마지막 때에는 신자들에 대한 박해와 거짓 선생들의 방해가 기다리고 있으며, 이러한 것들은 언제 임할지 모르는 주의 날에 대한 징조이다(4:12-19; 벧후 3:2-4, 10; 유 17-18절).[121] 그리스도인들은 예수 그리스도께서 영광 가운데 나타나실 것과(벧전 1:7, 13; 4:13; 5:4) 권능으로 임하여 심판하실 그의 재림(벧후 1:16; 3:3; 유 14절)을 기다려야 한다. "만물의 마지막이 가까웠으니"(벧전 4:7), 그들은 "말세에 나타내기로 예비하신"(1:5) 구원을 기다려야 한다. 예수님은 "산 자와 죽은 자 심판하기를 예비"(4:5) 하셨으며, 의인과 경건치 아니한 자에 대한 "심판을 시작할 때" (4:17-18)가 되었다. 이 심판은 아직 오지 않았다. 그 이유는 하나님의 시간이 인간의 생각과 다르기 때문이며, 그는 사람들이 회개하기를 기다리며 자비한 마음으로 오래 참고 기다리신다(벧후 3:8-9).

앞에서 말한 대로 다가올 사건은 신자들에 대한 궁극적 구원의 축복을 포함한다. 이 축복은 이미 신자들에게서 삶에 나타난 구속의 계속되는 과정의 절정일 뿐이며, 하나님에 의해 보증을 받는다(벧전 1:3-5, 8-9, 13; 벧후 1:3-11; 유 21, 24-25).[122] 신자들은 쇠하지 아니하는 하늘의 기업(벧전 1:4) 그

---

120) Edward Gordon Selwyn, "Eschatology in 1 Peter," in *The Background of the New Testament and Its Eschatology*, ed. W. D. Davies and D. Daube (Cambridge: Cambridge Univ., 1956), 394-401.
121) Davids, *First Epistle of Peter*, 15-16; Selwyn, "Eschatology in 1 Peter," 399. Selwyn은 말세의 박해에 대한 예수님의 경고를 언급한다(마 10:16-26; 막 13:9-13).

리스도의 메시아적 영광(4:13; 5:1, 4, 10), 예수 그리스도의 영원한 나라에 넉넉히 들어감(벧후 1:11), 새 하늘과 새 땅에서 모든 악으로부터의 구원(3:13), 그리고 주 예수 그리스도의 긍휼에 의한 영생의 누림(유 21절)을 소망한다.

한편 불신자들에게도 심판이 기다리며, 이 심판은 결코 취소되거나 피해 갈 수 없다. 베드로는 첫 번째 서신에서 신자들을 박해하고 복음을 순종치 않는 자들에게 임할 심판에 대해 일반적인 용어로 경고하였다(벧전 2:12; 3:16; 4:4-5, 17-18). 베드로후서와 유다서에서 이 경고는 더욱 구체적으로 강조된다. 대적들은 심판이 없다고 가르쳤기 때문이다. 그들은 종말론에 대한 회의를 가졌다. 그것은 아마도 (1) 하나님께서 우주적 역사에 개입하실 것이라는 사실에 대해 의심하였으며(벧후 3:4), (2) 모든 종말론이 이미 성취되었다고 믿었으며(벧후 1:16), (3) 방종의 삶을 살며 스스로 의로우신 하나님 앞에서 책임 있는 삶을 살지 못하였기 때문일 것이다(cf. 2:2, 10, 13-14, 18; 3:3; 유 4, 7, 16, 18절).[123] 이것이 바로 두 서신이 이단과 그의 추종자들에 대한 심판의 확실성을 강조한 이유이자, 경건치 않은 자와 불순종하는 자에 대한 하나님의 심판에 관한 구약성경의 예를 통해 강조하는 이유이다(벧후 2:1-22; 유 4-16절). 그들에 대한 심판은 이미 오래 전에 정해진 것이기 때문에 확실하며(벧후 2:3; 유 4절), 또한 타락한 천사들을 심판 때까지 지옥에 던져 넣었듯이, 주권적 하나님께서 그들을 심판하시기 위한 시간과 장소를 예비해 두셨기 때문에 확실하다(벧후 2:4, 9, 17; 3:7; 유 6, 13). 거짓 가르침의 본질적 특성으로 인해, 베드로후서와 유다서는 하나님께서 이 땅과 모든 경건치 아니한 자들에게 내리실 심판과 멸망을 강조하였다(벧후 2:1, 3, 9; 3:7 10, 12, 16; 유 6, 7, 13, 15, 23절). 이들 서신은 여호와의 날,

---

122) "그러므로 저자는 마지막을 이미 일어난 처음과 연결시키려 한다... 절정은 이미 경험되었고 알고 있는 것이다"(Selwyn, "Eschatology in 1 Peter," 397).

123) E. M. B. Green, *II Peter Reconsidered* (London: Tyndale, 1960), 25; Charles H. Talbert, "II Peter and the Delay of the Parousia," *Vigiliae Christianae* 20 (1966); 141; Ladd, *Theology of the New Testament*, 606; Neyrey, "Form and Background of the Polemic in 2 Peter," 407-31; Bauckham, *Jude, 2 Peter*, 154-57.

또는 주의 날이라는 구약성경의 중요한 주제를 통해 이 날의 심판적 특징에 모든 초점을 맞춘다(벧후 2:9; 3:7, 10, 12; 유 6절). 이 심판에는 현 우주의 완전한 멸망이 포함되지만(벧후 3:10-12), 그 후에는 이사야 65:17; 66:22 및 요한계시록 21:15의 언급과 같이 새 하늘과 새 땅이 임할 것이라는 약속이 이어진다.[124]

거짓 가르침의 배경에 대한 이해와, 베드로후서와 유다서가 어떻게 그것에 대처했는지를 살펴본다면, 종말론에 대한 일부 주장이 얼마나 잘못되었는지를 알 수 있다. 특히 베드로후서는 교회의 종말론적 소망이 사라지고 있음을 보여주며, 예기치 않은 종말의 지연으로 인한 위기에 대해 보여준다고 한다.[125] 그러나 후기 신약 교회가 종말에 대한 임박한 기대를 버리고 점차 이 땅에서의 삶에 안주한 대신 이들 서신(베드로전후서 및 유다서)은 정 반대의 상황을 보여준다. 그들은 그리스도께서 언제든지 오실 수 있다는 기대와 함께 그리스도인들은 곧 사라질 이 땅에서 나그네요 순례자들이라는 확신을 보여준다.[126] 파루시아(Parousia)의 지연에 관한 문제는 베드로후서 3:3-4에 집중된다(저들은 "주의 강림하신다는 약속이 어디 있느뇨"[NASB]라고 기롱한다). 그러나 앞에서 언급한 대로 이것은 결코 교회 전체가 그리스도의 재림의 지연에 대해 갈등하고 있기 때문에 실망한 그들에게 적절한 대답을 하기 위해 제시된 것이 아니다. 대신에, 아직도 심판이 이르지 않았으므로 심판은 없다고 부인한 거짓 선생들에게 초점을 맞춘다.[127]

---

124) 이런 일들이 다른 미래적 사건들과 관련하여 언제 일어날 것인가에 대해서는 R. Larry Overstreet, "A Study of 2 Peter 3:10-13," *Bibliotheca Sacra* 137 (1980): 354-71를 참조하라.
125) Dunn, *Unity and Diversity in the New Testament*, 350-51; Käsemann, "Apologia for Primitive Christian Eschatology," 170, 178-85, 193-95.
126) A. L. Moore는 Käsemann의 베드로후서의 종말론에 대한 관점을 논박하고 이것은 마가복음 13장 및 데살로니가후서 2장과 평행을 이룬다고 주장함으로 초기 신자들의 종말에 대한 기대와 관련된 특징적 주제를 버리지 않고 부각시킨다(*The Parousia in the New Testament* [Leiden: Brill, 1966], 151-56). Fornberg, *An Early Church in a Pluralistic Society*, 60-78; Bauckham, *Jude, 2 Peter*, 8-9, 151-52.

신약성경 여러 곳에서와 마찬가지로, 이들 서신의 종말론적 가르침에는 도덕적 실제적 중요성이 있다. 이것은 베드로전서 4:19에서와 같이 위로를 가져다준다. 본문에서 임박한 심판에 대한 가르침은 고난당하는 신자들로 하여금 하나님의 신실하심을 믿고 의로운 행실을 계속하라고 격려한다. 베드로후서 3:11-12에서 현재 세상의 멸망에 대해 언급한 후, 베드로는 신자들에게 거룩하고 경건한 삶을 살며 종말론적 절정을 기대하며 간절히 사모하라고 촉구한다.[128] 영원한 것에 비해 지극히 제한적인 인생이 땅의 것을 위해 사는 것은 얼마나 무익한 일인가! 새 하늘과 새 땅의 의로운 특성에 대한 언급(13절) 역시 인내와 거룩을 촉구한다(14-15절). 유다서도 죄에 대한 심판을 묘사하는 본문에서 위로를 제시한다(22-23절). 그의 영광송은 그리스도인들을 타락하지 않게 보호하시고, 흠이 없이 즐거움으로 영광 가운데 서게 하실 하나님의 능력을 강조한다(24-25절).

---

127) 이 주장은 Talbert, "II Peter and the Delay of the Parousia," 137-45에 의해 조심스럽게 제시되었다. Moore, *The Parousia in the New Testament*, 151-56를 참조하라.
128) "하나님의 날이 임하기를 바라보고"(NASB; NIV[speeding its coming])라는 구절의 동사는 "간절히 바라다", "열망하다"라는 뜻으로 해석해야 한다. 이것은 본 구절의 첫 번째 동사 "바라보다"를 강조한다. 이것은 하나님의 종말론적 프로그램의 성취에 대한 그리스도인의 기대와 소망을 묘사한다. Bauer, Arndt, and Gingrich, *A Greek-English Lexicon of the New Testament*, 762; Christian Maurer, *Theological Dictionary of the New Testament*, s.v. "*prosdokaō*," 6:726 n. 7.

하워드 마샬 지음/ 류근상 옮김/ 신국판/ 668쪽/ 20,000원

본서는 사도행전 분야의 최고의 권위를 인정받고 있는 하워드 마샬을 비롯해 25명의 학자들이 사도행전에 관한 다양한 관점에서 포괄적으로 연구한 25편의 소논문이 수록되어 있다. 본서의 집필진들은 광범위한 해석과 분명한 통찰력으로 사도행전의 핵심주제들을 명쾌하고 심도있게 다루고 있다.